i grilli

collana diretta da Giuliano da Empoli

PETER HAHNE

La festa è finita

Basta con la società del divertimento

prefazione di Maurizio Belpietro

Marsilio

Titolo originale: *Schluss mit lustig! Das Ende der Spaßgesellschaft*

Traduzione dal tedesco di Laura Bocci

Prima edizione: ottobre 2006
Seconda edizione: dicembre 2006

ISBN 88-317-9017

www.marsilioeditori.it

Indice

Prefazione

di Maurizio Belpietro

Ho letto *La festa è finita* nei giorni successivi alla polemica sul discorso che Benedetto XVI ha tenuto all'Università di Ratisbona, a proposito di Maometto e della guerra santa. E nel libro di Peter Hahne ho trovato la risposta a una domanda che mi sono fatto sin dai primi attacchi al papa. Perché l'Europa tace? Perché non difende il papa? Semplice: perché è pavida. Lo scrittore tedesco da tempo denuncia l'ambiguo concetto di tolleranza che ha indotto l'Europa – e la Germania *in primis* – a celare la propria cultura e la propria religione. Intellettuali, giornalisti e politici del vecchio continente – quasi fossero stati colti da un curioso complesso di sudditanza, se non addirittura di viltà – fanno a gara nel rinnegare le proprie radici, dichiarandosi disponibili ad accogliere nuovi credo e mimetizzando i propri punti di vista per evitare di offendere gli interlocutori.

Invece di mostrarsi orgogliosa della grande forza costituita dal cristianesimo e dalle sue tradizioni, un'intera generazione di pensatori ha sostituito Dio con il totem del dialogo, divenuto un idolo da venerare, senza rendersi conto che dietro questa parola, dialogo, dissimula un mare d'incertezze, la disponibilità al compromesso a qualunque costo, la rinuncia alla difesa delle proprie ragioni.

Il fenomeno non ha lasciato indenne neppure la Chiesa, che per anni ha inseguito il sogno del confronto interreligioso. Invece di sostenere la forza della propria confessione, spesso gli stessi cattolici hanno preferito piegarsi di fronte alle diverse dottrine, celebrando l'Islam come religione della pace e dell'amore, perdendo di vista l'identità cristiana. Lo si è visto proprio nel caso di Ratisbona, con Ratzinger costretto a scusarsi e addirittura a correggere il suo discorso – cosa mai avvenuta a un papa –, annacquando il significato di una citazione storica sulla guerra santa e su Maometto.

Qualcuno, a questo punto, potrebbe pensare che le tesi di Hahne riguardino i seguaci di Santa Romana Chiesa, ma così non è. Quella dello scrittore tedesco non è una predica ai cattivi cristiani che hanno perso la fede, ma una requisitoria contro l'Occidente che ha perso la testa. O meglio: il processo a una società che ha smarrito la ragione, l'essenza di ciò che fa. Hahne è convinto che dal '68 in poi la Germania – così come gran parte dell'Europa – abbia barattato i propri valori, le proprie convinzioni con quella che lui chiama la società del divertimento, un sistema in cui tutti devono essere felici, dove l'abbondanza è garantita, dove i doveri non esistono e si ha solo la responsabilità quotidiana di vivere in allegria. Lo spensierato piacere personale è il fine di tutto, il resto è secondario. Il lavoro è un fastidioso obbligo, le cui ore vanno ridotte per lasciare più tempo alla società del divertimento, e l'unico vero credo è la vita senza obblighi.

Dopo aver letto il libro di Peter Hahne, ho immaginato di sostituire le parole Germania e tedeschi con

Italia e italiani. Il mio è stato un esercizio teorico ma alla fine mi sono convinto che il novanta per cento delle tesi sostenute dal giornalista tedesco nel suo *pamphlet* si adattano alla perfezione a quel che accade da noi, con qualche piccola differenza dovuta a virtù e vizi italici.

Finiti gli anni della rivolta, dal '68 al '79, e conclusasi nel sangue – quasi sempre quello di poliziotti e borghesissimi servitori dello Stato – la rivoluzione di coloro che sognavano «l'immaginazione al potere», l'Italia si è cullata negli anni del riflusso, con un ritorno al privato ma soprattutto con un recupero degli affari privati. Per anni, dopo aver teorizzato l'idea di un salario variabile indipendente dai risultati e dalle compatibilità aziendali, una parte del paese – anzi la maggior parte del paese – ha pensato che la nuova variabile indipendente fosse il divertimento: fattore autonomo dall'andamento dell'economia reale e dalla crescita dei conti pubblici.

Nessuno ama sentirsi povero, e la ricchezza – anche quando non c'è – la si insegue e la si ostenta a qualunque prezzo, foss'anche quello della dignità. La nostra è una società fondata sui diritti ma non sui doveri, sull'assistenza purché sia gratis, sulle pensioni anche se i contributi versati non bastano. È una società miope, che non vede lontano e ignora ciò che accade nel resto del mondo, ma che ha trovato nel sindacato il celebratore ufficiale dei suoi riti e dei suoi miti.

Mi torna in mente a questo proposito un episodio, accaduto anni fa a Sergio Cofferati, quando questi era il potente capo della CGIL. Durante un viaggio in India incontrò i sindacalisti di New Delhi e spiegò loro che si sarebbe battuto perché le aziende italiane non sfruttassero più i lavoratori indiani. La risposta dei colleghi di New Delhi fu nettissima: per noi quello non è sfruttamento, ma una risorsa per uscire dalla miseria. Il sindacato italiano è così autoreferenziale da non accorgersi che ciò che in Italia è garantito, altrove è una conquista. Ciò che da noi è un diritto, in India è un dovere.

Quanto il nostro sindacato sia incapace di vedere oltre il proprio naso è dimostrato anche dallo sfogo di un onesto sindacalista come Savino Pezzotta, il quale un giorno ebbe a osservare: non capiscono che il mondo cambia e forse credono che se una fabbrica chiude trasferendosi all'estero, si può sempre usare un charter per accompagnare gli operai nel nuovo posto di lavoro. Perché nella società del divertimento, il lavoro deve essere assicurato, proprio come l'allegria.

Peter Hahne nel suo libro si dice convinto che la festa sia finita. L'11 settembre avrebbe spazzato via le certezze di giovani invecchiati passando da Lotta continua a festa continua e – dissolte le fantasie onnipotenti di una pace mondiale basata sulla ragione – i pifferai del folclore multiculturale ora sarebbero zittiti. Io di questo sono meno convinto. La festa è sospesa, certo, ma molti sono sicuri che le danze si riapriranno presto. Almeno da noi.

La festa è finita

INTENZIONI E OPINIONI

Al drammaturgo americano Edward Albee (*Chi ha paura di Virginia Woolf?*) venne chiesto una volta quali effetti si attendesse dai propri drammi. La risposta fu scioccante per il suo sarcasmo: «Vorrei impressionare e coinvolgere gli spettatori al punto che, uscendo barcollando dalla rappresentazione, si facciano quasi travolgere dalla prima auto che passa».

Io non ho questa intenzione. A parte il fatto che questo libro non deve essere un dramma, né le mie conferenze teatro. Attraverso i miei pensieri, le mie opinioni e la mia visione delle cose vorrei semplicemente fornirvi qualche elemento di stimolo e, spero, anche di inquietudine. Perché solo chi, attraverso la riflessione, si forma un modo nuovo di pensare può veramente cambiare il suo modo di vedere le cose. Oppure aiutare altre persone a farlo.

Per me si tratta di stimolare in maniera provocatoria il pensiero, non di tenere un seminario accademico che si adatti e segua le armoniose zampe di velluto dello *Zeitgeist* (spirito del tempo). Non una secca trattazione scientifica, dunque, bensì un appello e un richiamo alla responsabilità.

Sono state due date, all'inizio del nuovo secolo, a cambiare drammaticamente il mondo. Giorni in cui il terrorismo ha precipitato il mondo in uno stato di shock. Una di queste date è stata l'11 settembre 2001, la mattina in cui due aerei pieni di passeggeri si conficcarono l'uno dopo l'altro nelle torri gemelle del World Trade Center. L'opinione pubblica mondiale, sconvolta, seguì allora in diretta l'attacco terroristico alle Twin Towers sugli schermi televisivi. A Manhattan sembrò spalancarsi un abisso infernale, che inghiottì i due più alti grattacieli di New York, insieme a circa tremila persone.

Ma anche l'Europa ha vissuto un suo "11 settembre", quando i terroristi islamici colpirono senza pietà, e la data era di nuovo l'11. Gli esperti parlarono allora della situazione più critica in Europa dopo la seconda guerra mondiale. Nel bel mezzo del traffico di un giorno di lavoro a Madrid, l'11 marzo 2004, esplosero contemporaneamente numerose bombe in treni pieni di gente, uccidendo più di duecento persone.

Persino accorti contemporanei rabbrividiscono di fronte alla mistica dei numeri: gli attentati di Madrid hanno avuto luogo 911 giorni dopo l'inferno di New York, la cui data, alla maniera americana, si scrive 9/11. Se la follia sia diventata calcolabile – si chiedono seri commentatori. Un intero continente si strinse insieme, solidale, e l'UE riconobbe nel terrorismo il "nuovo nemico"; la guerra contro gli estremisti islamici venne definita un compito prioritario. Quando poi il presidente tedesco Johannes Rau, alla fine di marzo 2004, dovette interrompere il suo viaggio in Africa perché erano stati resi noti piani concreti di attentato, alla fine divenne chiaro anche a noi tedeschi: il terrorismo si stava avvicinando. E si rivelò un'idea molto ingenua pensare che saremmo stati risparmiati solo perché la Germania si era tenuta fuori dalla guerra in Iraq.

Quanto la situazione fosse seria è dimostrato da un fatto accaduto a Berlino. Il portavoce della politica estera del gruppo CDU/CSU al Bundestag, Friedbert Pflüger, voleva pubblicare un libro dal titolo *Una nuova guerra mondiale. La sfida islamica*. Amici del suo partito gli consigliarono di mettere, dopo le parole "guerra mondiale", invece del punto fermo, un cauto punto interrogativo. Quando il libro uscì, proprio il giorno dell'attentato di Madrid, l'esperto di politica estera della SPD, Hans Ulrich Klose, commentò con l'autore: «Il punto interrogativo avrebbe proprio potuto evitarlo...».

È stato soprattutto l'11 settembre a New York a cambiare d'un sol colpo tutto l'ordine del giorno dell'intero globo. Il mondo non è più quello che era prima. Questa la banale constatazione che riesce a comprimere la paura in una formula. Gli attentati hanno determinato un cambiamento totale e di lungo periodo nella nostra civiltà. Le immagini delle macerie e della cenere, di uomini che, volando come uccelli, si gettavano nella morte, i parenti in lacrime e i vigili del fuoco disperati – tutto questo non vuole uscire dalla nostra memoria. Mai più. Mai, nell'intera storia dell'umanità, si è potuto assistere dal vivo e con tutti i particolari a una catastrofe di tale portata. Lo shock e la paura hanno paralizzato il mondo.

Non lo dimenticherò mai: quel martedì, nella sala delle riunioni plenarie del *Reichstag*, era all'ordine del giorno il dibattito sul bilancio federale. Tradizionalmente, la resa dei conti dell'opposizione con il governo. Eppure nessuno poté più prestarvi alcun interesse dopo che, appena passate le nove, giunsero le terribili notizie dagli Stati Uniti. Sei settimane più tardi il dibattito interrotto venne ripreso senza impegno degno di nota. E sulle prime pagine dei quotidiani del giorno del terrore apparvero titoli come *Scharping: il ministro si ritira*, o *La débâcle di Scharping*. E tuttavia le dimissioni o l'espulsione dal Gabinetto, già previste, il giorno dopo non erano più degne nemmeno di una riga.

L'ordine del giorno improvvisamente accolse temi completamente diversi. Domande che i sognatori della politica avevano già da tempo dato per liquidate. Quanto denaro sarebbe stato necessario per l'esercito federale, per la difesa civile, per i servizi segreti? In futuro dovremo usare l'esercito anche all'interno del paese? Come poter assestare il colpo di grazia a un terrorismo che agisce su scala internazionale? Si deve evitare il tanto temuto scontro delle culture?

Come si può impedire che, in Germania, organizzazioni islamiche estremiste, nascondendosi sotto il pretesto della libertà di religione, si sottraggano a un preciso divieto? Che i terroristi islamici possano abusare del nostro paese e usarlo come spazio per nascondersi? Oppure questioni di politica interna di scottante attualità: a quanta parte del diritto di libera circolazione dobbiamo rinunciare per sentirci sicuri? E insieme, a quanta parte del diritto di libera circolazione siamo autorizzati a rinunciare per non diventare uno Stato di polizia?

IL MONDO "DOPO"

Come ci sono sembrati banali, allora, i temi che prima ritenevamo tanto importanti. E quanto ci è apparso ovvio e usuale l'orrore che, nei giorni dopo New York, appariva sui nostri schermi. In tempi normali, notizie come quelle che seguono avrebbero dispiegato grande forza emozionale nei titoli dell'attualità: più di cento morti nell'incidente all'aeroporto di Milano; quattordici vittime nella furia omicida nel Parlamento della capitale del cantone di Zug, in Svizzera; il drammatico inferno di fiamme nel tunnel del San Gottardo... le notizie tragiche non mancavano di certo. E tuttavia ogni cosa impallidiva in confronto all'attacco dell'11 settembre.

Il nostro piccolo mondo tedesco del benessere si fa più serio. In modo già quasi simbolico, la stazione musicale VIVA cancella completamente il suo programma per giorni. Si devono tracciare nuove coordinate. Ha fine il rifiuto della realtà, portato all'estremo dalla società del divertimento. I temi di cui si parla diventano improvvisamente di natura esistenziale. La stridula società del divertimento retrocede dinanzi allo shock e al lutto. Uno dei veterani del giornalismo, l'esperto di Islam Peter Scholl-Latour, ha fatto il punto: «Questa è la fine della maledetta società del divertimento. La fantasia che il mondo e gli uomini siano buoni è finalmente stata accantonata».

L'epoca "della vendetta dopo la vendetta" ce lo ha confermato. Abbiamo vissuto una guerra mondiale delle immagini. Prima i lugubri video delle sevizie ai prigionieri di guerra iracheni torturati; poi il contraccolpo, con la decapitazione dell'americano Nick Berg, collaboratore nella ricostruzione, alla metà di maggio 2004, davanti alle telecamere in funzione. Ci sono voluti sessantadue secondi perché la testa di Berg fosse staccata dal tronco. Poi l'assassino l'ha tenuta orgoglioso di fronte alla telecamera: «Allah Akbar», hanno gridato i complici: «Allah è grande».

Sono svanite le fantasie onnipotenti di una pace mondiale basata sulla ragione. Questa è la fine dello spensierato piacere personale. Tacciono i pifferi del folclore multiculturale. Una malintesa tolleranza e «le smancerie di comprensione interculturale» («Die Zeit») si sono dimostrate ingannevoli. In conclusione, ricomincia una vera e propria guerra culturale, nella quale si gioca la partita della verità, della chiarezza, e della questione della nostra identità. In quale modo il minaccioso estremismo islamico cambierà nel lungo periodo la nostra società? La coscienza, ormai dimenticata, della nostra aggredibilità ci spaventa. In fondo esiste davvero una realtà che non può essere sostituita dalla divertente virtualità televisiva. Gli uomini si sentono insicuri nel più vero senso della parola, e cercano inermi una rassicurazione.

E dunque, quali sono i valori che ci rassicurano? Quali valori vogliamo difendere? La domanda venne posta quando l'esercito federale andò in Afghanistan in missione antiterrorismo. Alla maggior parte dei cittadini era ben chiaro contro che cosa prendiamo posizione e contro che cosa combattiamo: fondamentalismo, islamismo, terrorismo, fanatismo. Ma se chiediamo invece in favore di che cosa operiamo, e quali valori meritino di essere difesi... allora, silenzio sulla scena. Sappiamo contro che cosa siamo, ma non in favore di che cos'altro vogliamo schierarci.

A proposito della resistenza contro Hitler, c'è un profondo pensiero di Reinhold Schneider. Insieme a Bergengruen, fece parte dei più importanti letterati cattolici contrari al nazionalsocialismo. Egli aveva a cuore la domanda in quale misura sia giustificato il fatto che critici del regime, come Stauffenberg e Tresckow, abbiano comunque ricoperto posizioni importanti nell'apparato nazista, sebbene sapessero che le dittature rendono sempre colpevoli.

Le parole di Schneider sono di straordinaria attualità: «Gettatevi nella mischia! Salvare non salverete, perché è il Signore che salva, non gli uomini. Ma diventate testimoni in mezzo al fuoco! E comunque dovete sapere in favore di che cosa dovete prendere posizione». Dopo il terrorismo di New York e Madrid, dopo l'infiammarsi dell'islamismo nel Medio Oriente e la campagna di istigazione fondamentalista in Occidente, è decisivo sapere quali sono i valori fondamentali di una società libera, per poi viverli e difenderli.

LA NOSTRA NEW YORK SI CHIAMA ERFURT

Anche noi tedeschi abbiamo una data che sciocca e che segna un punto a partire dal quale tutto è cambiato. E tuttavia, già pochi mesi dopo, l'Istituto Allensbach, nel suo sondaggio, rese noto che quell'evento drammatico, che comunque ci aveva spinto a riflettere e ad agire diversamente, era completamente scomparso dalla mente della gente. Un tributo fatale alla democrazia fondata sull'atmosfera del momento, con i suoi centri di interesse rapidamente variabili.

Il 26 aprile 2002, il diciottenne Robert Steinhäuser si recò armato nel suo ex liceo, e qui sparò a caso a studenti e professori finché non incontrò un insegnante, e disse: «Per oggi è abbastanza, signor Heise». Poi si uccise. Il triste bilancio: sedici morti.

La ricerca delle ragioni si dimostrò difficile. Perché le spiegazioni semplici e sbrigative questa volta non giovarono a nulla. La scuola era un liceo d'élite, il ragazzo era figlio di una famiglia borghese. Una cosa del genere sarebbe potuta accadere anche nella nostra città! Robert Steinhäuser non era un estremista di destra, né un satanista e neanche un drogato. I suoi genitori non erano né asociali, né disoccupati, né alcolisti. No, si sono "soltanto" autorealizzati, e hanno «perduto il loro figlio nel mondo dei giochi al computer» («Spiegel-Tv», 27 aprile 2004). Gli scontrini delle armi acquistate, che il ragazzo aveva meticolosamente conservato, apparvero ai colleghi dello «Spiegel» come «lettere d'addio da un mondo apparentemente sano».

Nel secondo anniversario della strage, nel 2004, il direttore dell'Istituto di ricerche criminologiche della Bassa Sassonia, Christian Pfeiffer, apparso sulla seconda rete televisiva nazionale, la ZDF, mise in guardia da una «corruzione dei nostri ragazzi da parte dei media». Ragazzi che hanno accesso alla televisione, a Internet e ai videogiochi troppo presto e senza alcun controllo. Pfeiffer si appellò ai genitori affinché si rendano più conto del loro compito educativo e «non istallino nelle stanze di bambini ancora piccoli ogni sorta di apparecchio, limitandosi a sperare che tutto vada bene». Se, nel frattempo, nella stanza di un bambino di sei anni ogni quattro c'è un apparecchio TV personale, allora anche la protezione dei minori[1] ha ben poco senso, dal momento che sono i ge-

[1] Meccanismo televisivo che regola l'emissione dei programmi in base alla fascia oraria (*n.d.T.*).

nitori stessi a non rispettare le sue direttive.

Vale tuttavia la pena di aprire il sipario sul civismo di quel “mondo sano” di Erfurt; osare risposte scomode alle domande: come si è potuto arrivare a quel punto? Dov’erano i genitori, gli insegnanti e i compagni? Perché hanno osservato immobili il ragazzo infilarsi in un vicolo cieco, come mai sono tutti stati a guardare Robert isolarsi sempre più? Non andava più a scuola, non aveva superato la maturità, alla fine si era ritrovato senza aver concluso gli studi, lasciato solo davanti a Internet, video, computer, TV.

GIOCARE SENZA LIMITI

Robert è la vittima di un’epoca nella quale appare importante più di tutto non doversi sforzare, e comunque potersi autorealizzare in ogni caso. *La Germania cerca Superstar* – arrivare senza sforzi alla carriera e al denaro. Divertimento televisivo senza fatica nella sala giochi del salotto di casa, dove si vive di zapping. A che serve la gioia dell’impegno e del lavoro, se ogni giorno ci viene scodellato tutto questo? Immagini televisive della formazione professionale di un meccanico di camion non sarebbero certo altrettanto sexy.

E i genitori? Roman Herzog, nella sua lunga, ultima intervista da capo dello Stato, alla domanda su quale fosse la cosa peggiore nella società attuale, ha risposto: «La perdita dei valori», e alla replica su quali ne fossero le cause: «Un numero sempre maggiore di genitori delega tutti i compiti educativi alla scuola. E alla formazione, ai maestri... sono loro che devono orientare, una cosa che in famiglia non si riesce o non si vuole fare».

Il giovane neuropsichiatra infantile Jakob Hein, di Lipsia, a proposito della «ricerca politicamente scorretta delle cause del massacro di Erfurt», sotto il significativo titolo: *Educare? Troppo faticoso* ha scritto frasi illuminanti: «I bambini non vengono più semplicemente al mondo, ma sono inseriti al posto giusto nel grande progetto di autorealizzazione, spesso persino come coronamento finale dopo aver ottenuto un lavoro, una macchina e una casa di sogno. E già prima del concepimento esistono idee chiare sul loro futuro percorso di studio e il primo stipendio netto... E tuttavia, come in ogni economia pianificata, niente funziona come previsto».

Ciò che è stato imperdonabilmente "risparmiato" ai bambini e agli adolescenti sono gli sforzi, i limiti, il confronto con valori e regole. Al loro posto, l'educazione segue la melodia: «Fa' quello che ti dico io. Ma non fare quello che faccio io». Ciò diventa chiaro a tutti quando parliamo di insegnanti. Che cosa devono pensare i nostri bambini, se la mattina a colazione sentono le nostre tirate contro questi «fannulloni» (Gerhard Schröder), ma contemporaneamente vengono mandati a scuola con l'ammonimento: «Stai attento, comportati bene e impara qualcosa...!». Dare ascolto a due campane tanto opposte sarebbe schizofrenia pura. E così si ritorna alla regola pedagogica di base, la quale afferma che ogni generazione di genitori ha i figli che si merita.

LO STUDIO «PISA»: UNA CATASTROFE

Quando arrivò sul mercato lo studio sull'istruzione denominato *Pisa* e – attraverso una comparazione su scala mondiale, e cifre che gridavano vendetta –

venne dimostrata la spaventosa situazione della Germania, dopo pochissime ore venne trovata, in maniera trasversale tra tutti i partiti, la soluzione sicura in grado di risolvere tutto: la richiesta della scuola a tempo pieno. Ma sulla responsabilità della famiglia non si sentì neanche una parola.

Sempre la stessa musica: gli insegnanti come capro espiatorio. Il 70% dei tedeschi vuole che gli insegnanti educhino di nuovo i nostri figli a prestazioni, disciplina e ambizione maggiori. Ma dove trascorrono la maggior parte del tempo i ragazzi? A casa! Il 90% dell'intero processo educativo ha pur sempre luogo in famiglia. O, per meglio dire, davanti alla TV o al computer...

Il direttore della Camera artigiana di Amburgo, Jürgen Hogeforster, a proposito della capacità di apprendimento di almeno un quarto degli apprendisti, scrive («Die Welt», 12 novembre 2003): «Nella loro socializzazione, molti adolescenti hanno collezionato solo esperienze negative; hanno perduto l'autostima e la motivazione all'apprendimento. All'interno di famiglie dissestate, si realizza sempre di meno un processo evolutivo sistematico. I deficit della famiglia d'origine non possono essere colmati a scuola. Al tempo stesso, il sistema scolastico tedesco è rimasto fermo a venticinque anni fa, ed è sceso di livello nel confronto internazionale». Agli insegnanti dovrebbero essere restituiti sia il compito educativo che una maggiore responsabilità individuale.

La catastrofe messa in luce dallo studio *Pisa* si può combattere con una ricetta semplice, quasi senza rischio né effetti collaterali: basta ristabilire l'autorità degli insegnanti e degli educatori. Ed essi stessi devono nuovamente mostrarsi come autorità. Due facce della stessa medaglia.

Matthias Horx, un ricercatore che studia le nuove tendenze, percepisce una nuova ricerca di autorità da parte dei bambini e degli adolescenti: «Molti problemi legati alla violenza e alla trascuratezza già da tanto tempo non dipendono più da padri e madri autoritari e violenti, bensì da figure genitoriali deboli, assenti, prive di contorno, che non sono più in condizione di fissare norme e regole, né di offrire alcun orientamento».

Quale sia la situazione dell'istruzione generale diventa ben chiaro quando si discute dei posti di lavoro degli insegnanti. Da un lato si lamenta la scarsità dei posti disponibili per l'istruzione. Dall'altro accade che le imprese non riescano a trovare candidati adeguati per ottimi posti di apprendista. Su duemila candidati a sessanta posti presso la Berliner Volksbank nell'aprile 2004, soltanto quaranta si sono rivelati adatti a un apprendistato nel settore bancario. Come cause, la Camera dell'Industria e del Commercio di Berlino ha individuato deficit educativi e nell'istruzione generale, persino nel calcolo elementare, nella lettura e nella scrittura. «Ai giovani mancano le competenze sociali come la puntualità e la pulizia. In T-shirt e scarpe da ginnastica non si può stare allo sportello di una banca. Un'istruzione carente fa sì che, nella sola Berlino, un posto di apprendista ogni dieci rimanga non occupato. Tutti problemi che non sono caduti dal cielo. Problemi che possono essere risolti».

Hanspeter Wellendorff, imprenditore nel settore della gioielleria, alla fine del 2003 si lamentò del fatto che la maggior parte degli apprendisti non sapesse neanche padroneggiare bene il tedesco. Nella sua lettera (8 ottobre 2003) il capo di una media industria di High-Tech raccontava delle sue esperienze, in tutto simili a quella della Berliner Volksbank: «Totale blackout nel tentativo di qualsiasi colloquio sui temi dell'istruzione generale o dell'attualità... Alzate di spalle alla domanda sugli obiettivi lavorativi ed esistenziali».

Sta tutta qui la tragedia della nostra società del divertimento, vale a dire nel modo in cui essa si abbatte con tutta la sua violenza sui nostri giovani, che sono poi i nostri figli: non conoscere più il tedesco significa anche non avere più radici culturali. E da questo deriva direttamente la cosa più scioccante: non avere più obiettivi nella vita.

Indimenticabile per me rimane un evento verificatosi nel Giardino giapponese del Tè al Golden-Gate-Park di San Francisco, dove mi ritrovai ad ascoltare per caso la conversazione di una giovane coppietta americana. Lui era appena ritornato dalla Germania, e diceva: «I tedeschi hanno perduto la loro cultura». Alla domanda di lei, poi, raccontò di incontri con giovani, ai quali aveva chiesto: «What is the meaning of your life?» – qual è il senso della tua vita? Tutti, davvero tutti, erano apparsi completamente disinteressati alla domanda e indifferenti al tema. L'americano non riusciva a capacitarsi di come, nel paese dei poeti e dei filofosi e della Riforma, nessuno volesse – o meglio: nessuno fosse in grado – di parlare degli obiettivi della propria esistenza. Noi commettiamo un peccato nei confronti della prossima generazione se, con il nostro esempio, non diamo più scopi alla loro vita.

Nel 1939, nel suo romanzo *Der veruntreute Himmel* (*Il cielo sottratto*), pubblicato in un momento difficile, Franz Werfel scriveva: «Quando, da giovane, me ne andavo in giro per le strade della città, mi veniva voglia di prendere per il collo tutta quella gente dalle facce ottuse e di gridargli: fermatevi un momento a riflettere e a porvi questi immensi interrogativi: Da Dove – Verso Dove – Perché! Io ho saputo molto presto che la rivolta contro Dio è la ragione di tutte le nostre miserie».

Oppure i nostri figli semplicemente non vogliono più essere come i loro genitori, con i loro falsi obiettivi e progetti esistenziali? In un congresso di gerontologia si pose in maniera del tutto imprevista un tema fondamentale. Gli studiosi che si occupano dell'invecchiamento, i sociologi, gli psicologi, i medici e i biologi dovettero improvvisamente confrontarsi con il dato di fatto statistico che il tasso di suicidi negli anziani sta aumentando in maniera drammatica. Le cause, discusse in maniera assai controversa, alla fine si poterono riassumere nella seguente formula: per persone che hanno vissuto e dato valore a tutta la loro vita dal punto di vista di chi, di anno in anno, diventa sempre migliore e più bello, di chi passa di promozione in promozione e di tariffa speciale in tariffa speciale, ebbene, per tali persone si verifica una vera catastrofe psichica quando la curva inizia a scendere.

Parte della catastrofe rilevata dallo studio *Pisa* consiste anche nel non opporsi a tale catastrofe! Nel mio antico liceo c'era ancora il motto latino: «Non scholae, sed vitae discimus» – impariamo per la vita, non per la scuola. Abbiamo bisogno di insegnanti, ma anche dei relativi consigli di classe, che rendano possibile e davvero vogliano una scuola di vita di questo tipo. E infine, basta con la menzognera pedagogia del raggomitolamento su se stessi e del turbamento, con la quale sono stati vessati ormai sufficientemente a lungo i nostri figli. Nello studio sugli adolescenti fatto dalla Shell viene citato un ragazzo di sedici anni: «Certo che abbiamo bisogno di divertirci. Ma senza un senso, neanche il divertimento ha più senso».

HILDESHEIM È OVUNQUE

Lo shock di Erfurt non era ancora del tutto scomparso dai titoli dei giornali che, nel febbraio 2004, arrivò il colpo successivo: per diciassette settimane un gruppo di adolescenti di Hildesheim aveva abusato di un compagno nell'officina della scuola, senza che nessuno intervenisse. Botte, calci, umiliazioni sessuali. Il martirio della loro vittima era stato ripreso in video e poi fatto girare in Internet. E, proprio come una slavina, improvvisamente piovvero da ogni parte notizie dello stesso tipo. Ragazzi che vanno a scuola armati di tutto punto, pronti alla violenza e pieni di aggressività. Insegnanti che non osano reagire per non diventare vittime essi stessi.

«Sarebbe potuto accadere ovunque, i problemi sono ovunque gli stessi», citiamo un insegnante di Hildesheim. Il caso specifico sarebbe in realtà una normalità quotidiana emersa per puro caso. Molti non vanno più volontariamente a scuola, parlano tedesco a stento. Non è raro che in una classe di venti studenti siano rappresentati undici *Länder*[2]. Per l'interrogatorio di due dei quattro colpevoli di Hildesheim si dovette ricorrere agli interpreti. La «Süddeutsche Zeitung» ricorda che la violenza nelle scuole non è affatto solo un problema di gruppi sociali marginali. «Gli allievi del liceo raccontano di maltrattamenti e sevizie tanto quanto i ragazzi delle

[2] Stati regionali.

Hauptschule[3]. Anche gli effetti della violenza familiare sulla violenza adolescenziale non sono solo un problema di classe sociale. E il numero delle madri sole, che non possono offrire ai loro figli maschi una controparte, aumenta anche nella classe media».

La cattiva immagine della *Hauptschule*, del resto, diventa sempre più un problema di natura sociale. Sarebbe urgente ridarle invece nuovo prestigio, smettendo finalmente di considerare l'*Abitur*[4] come l'unica premessa per trovare rapidamente un lavoro. Il fatto che i propri figli frequentino il liceo è per molti genitori un elemento di prestigio, mentre gli allievi della *Hauptschule* vengono guardati dall'alto in basso con disprezzo. Ma proprio chi si sente tanto ignorato finirà per attirare l'attenzione su di sé in qualche altro modo. In una cittadina della Sauerland, una festa di fine anno si è conclusa in un'orgia di alcol e di eccessi di violenza, ai quali solo un pesante intervento della polizia è riuscito a porre fine. «Un tale consumo di alcol, fino alla perdita della coscienza, non l'avevamo ancora mai visto», ha commentato il capo dell'operazione.

Ma non sono certo le scuole a produrre adolescenti dediti all'alcol e alle risse. A scuola i ragazzi trascorrono solo qualche ora al giorno. Sono invece i genitori che, in un miscuglio stranamente rassegnato di passività e pessimismo, offrono ai loro figli troppo poca attenzione e incitamento, e non trasmettono al-

[3] *Hauptschule* (cinque anni) e *Realschule* (sei anni) sono le due alternative "minori" rispetto al *Gymnasium* (otto o nove anni), il liceo italiano. Nel sistema scolastico tedesco manca un equivalente della scuola media italiana e, dopo quattro anni di scuola elementare (*Grundschule*), a dieci anni circa, si compie la scelta della scuola superiore.

[4] Esame equivalente alla maturità italiana.

cun rispetto per le regole. Troppo pochi genitori rendono possibili ai loro figli altri profili personali, che non siano solo le vanterie su violenza, tabacco, fumo, alcol.

La statistica parla chiaro: gli adolescenti della Germania sono i campioni europei del tabacco e dell'alcol, e lo stesso dice lo studio comparativo dell'Organizzazione mondiale della salute, WHO (giugno 2004). Circa il 27% dei quindicenni fuma ogni giorno; il 18% fa uso regolarmente di hashish e marijuana. «Da quando viene fumata l'erba coltivata con metodi selettivi, è cresciuto fortemente il numero di coloro che sviluppano dipendenze fortissime, con danni psichici a vita», scrive «Der Spiegel» (giugno 2004) nella sua storia di copertina, *L'epidemia Cannabis*, sul luogo di consumo numero uno in Germania: le scuole. Le droghe hanno da tempo scoperto il cortile della ricreazione. Chi non fuma non è *cool*, alla moda. Non molto diversa appare la situazione per quanto riguarda l'alcol: il 46% dei quindicenni beve almeno una volta alla settimana, la prima sbornia l'hanno presa a quattordici anni. Una labilità che sfocia in brutalità. Quando alla moglie di Thomas Gottschalk, Thea, in un'intervista della «Bild am Sonntag» è stato chiesto se avesse nostalgia della Germania, ha detto: «In base al titolo dello "Spiegel" sembra che nelle scuole tedesche si fumi ben più di quanto si studi. Qui in California il controllo è molto maggiore per i nostri figli».

Le statistiche sulla criminalità lamentano uno spaventoso aumento della criminalità violenta. I colpevoli sono sempre più violenti e sempre più giovani. La classica lite tra studenti, che non fa male a nessuno a livello fisico, si è trasformata già da tanto tempo in violenza pura.

Dopo la presentazione del drammatico rapporto sulle droghe del governo federale, il liberale «Weser Kurier» (Brema) ha fatto un commento che suona come un segnale orario: «La società del divertimento porta i suoi figli all'eccesso; se prima bastava una vacanza a Majorca, oggi ci vuole un viaggio avventuroso nell'ultimo angolo della terra. Una volta per l'emozione bastava l'ottovolante, ora ci si annoia anche con il *bungee-jumping*. E se prima l'occasione per una festa era un barile di birra gratis, ora è solo il super-mega-party a dare la misura di tutte le cose». Infine il commentatore così riassume: «La ricerca incessante di uno stimolo non è assolutamente solo il contrassegno della nuova generazione. È la nostra società nel suo insieme a tendere verso qualcosa che viene visto come l'indizio di una nuova dipendenza: la mancanza di misura».

La società viene definita priva di misura perché ha effettivamente perso il senso della misura. Abbiamo perduto valori e regole, punti di orientamento e criteri. Ritrovare la misura significa niente altro che tornare alle fonti, alle radici. «Ora c'è l'opportunità di riscoprire il nucleo della cultura... Perché molti ne hanno abbastanza di ridere» («Die Zeit»).

Nell'edizione speciale dello «Spiegel» per il primo anniversario dell'11 settembre, uno studente ha scritto: «Nel crollo del World Trade Center sono dovute morire migliaia di persone per far comprendere alla società del divertimento che aveva fatto percepire come costrizione quei valori, senza i quali è impensabile una vita stabilmente felice».

L'*entertainer* Thomas Gottschalk lo dice a modo suo: «I valori si sono completamente spostati. I genitori tirano già un respiro di sollievo se i loro figli stanno a casa davanti al computer e non diventano schiavi di qualche culto». Quando, con i suoi due figli, ritorna in Germania da Malibù, suo luogo abituale di residenza, il figlio diciottenne Roman si meraviglia del fatto che, qui, ragazzi della sua età possano bere e fumare, cosa che in America è proibita. E Tristan, il figlio di quattordici anni, definisce senza mezzi termini la Germania un «immenso pornoshop».

Già cento anni fa il sociologo Max Weber profetizzava una società che non si limitasse solo a conoscere una «industriosità spoglia del suo senso etico-religioso»: «Esperti privi di spirito, uomini dediti al piacere ma privi di cuore: e questo Nulla immagina di aver salito un gradino dell'umanità mai raggiunto prima».

Ciò di cui abbiamo bisogno oggi sono donne e uomini che dispongano di una riserva di valori, dal momento che senza un minimo di valori comuni non è più possibile alcun consenso sociale. Non fa meraviglia il fatto che l'élite, anche quella giornalistica, metta il tema dei valori tra i primi all'ordine del giorno. I due più grandi settimanali tedeschi d'opinione titolano all'unisono: nostalgia dei valori! «Focus», con il titolo a lettere cubitali *La società confusa*, chiede il ritorno delle virtù. E sulla copertina dello «Spiegel» campeggia l'immagine di una famiglia piccolo borghese con il titolo: *I nuovi valori: ordine, gentilezza, disciplina, famiglia*. Gli articoli, lunghi intere pagine, non contengono la benché minima traccia di ironia e di malizia. Ecco come cambiano i tempi...

Il galateo è di moda, vengono nuovamente considerate necessarie le convenienze e le buone maniere. La «Welt» scrive che, con le due cesure che si nascondono dietro le cifre 9/11 (attacco terroristico a New York) e 11/9 (crollo del Muro di Berlino), sono state fatte le ultime capriole della società del divertimento. Con la «fine dell'epoca dell'ironia» inizia «il ritorno del pathos e dell'estetica». Il libro *Manieren* (*Buone maniere*) del principe etiope Asfa-Wossen Asserate, un pio cristiano "evangelicale"[5], consulente d'impresa e discendente del leggendario Re David, sconvolge la lista dei best-seller. In occasione di un sondaggio della rivista «Eltern» («Genitori»), un alunno dodicenne della *Realschule* afferma: «Nella nostra famiglia la cultura domina totalmente: prima di mangiare preghiamo. Ciascuno ha il proprio tovagliolo. Quando si mangia non si guarda la televisione, come fanno gli incolti».

Le lamentele sulla decadenza dei valori – prima riservate ai conservatori – vengono ormai sollevate dall'intero spettro politico e ideologico. In quale misura la questione dei valori sia attuale è dimostrato dal fatto che i partiti ne fanno apertamente un tema della campagna elettorale. Tutti coloro che pensano di guadagnare dalla lotta contro la perdita dei valori devono ben allinearsi alla tendenza in atto. Anche la compagna dell'ex cancelliere, Doris Schröder-Köpf, prima della rielezione del marito, in interviste rilasciate a «Bild» e a «Bildwoche», si esprimeva in favore di un «ritorno ai valori tradizionali nell'educazione dei bambini». Alla domanda che è seguita ha poi risposto prontamente con un'intera lista di obiettivi educativi auspicabili: coscienza dei propri doveri, diligenza, lealtà, disponibilità ad aiutare, attendibilità, educazione, corretto comportamento. «Dob-

[5] Fondamentalisti protestanti che si richiamano in maniera integralista alla Bibbia (*n.d.T.*).

biamo tornare a educare di più i nostri figli, e trasmettere loro valori interiori», sostiene l'ex giornalista – in tempi pur sempre di coalizione rosso-verde.

RITORNO DEI VALORI

Gli studiosi di tendenze hanno convenuto che è in atto un "ritorno dei valori": l'etica e la morale saranno i temi centrali del XXI secolo. In tempi di globalizzazione e di liberalismo, persino l'economia recede dal puro pensiero efficientista e rivendica un orientamento etico di fondo.

Che cosa intendiamo quando parliamo di valori? Valori, morale, etica e virtù, benché in stretta relazione tra loro, in realtà devono essere differenziati come concetti. Le virtù, ad esempio, vogliono "tradurre" i valori nell'agire quotidiano. La Morale (latino *Moralis*) è per così dire il concetto superiore. Essa designa l'insieme delle regole accettate all'interno di una società, le quali permettono di stabilire che cosa è moralmente proibito e che cosa deve essere considerato giusto o sbagliato, bene o male.

L'Etica (dal greco *Ethos*) vuole invece motivare le norme morali attraverso la filosofia o la religione. La "Scienza della Morale" studia i comportamenti umani e ne scandaglia le ragioni (etica dei principi), le conseguenze (etica del successo) e i valori e le norme (etica dei valori). Appassionante è la domanda se la fissazione di norme etiche e la loro valutazione dei valori siano innate e condivise da tutti gli esseri umani, oppure se esse si raggiungano attraverso l'esperienza e l'istruzione.

I valori sono le rappresentazioni comuni a una società, o almeno riconosciute da molti come auspicabili. I valori vogliono e devono dare un orientamento. Tradizionalmente, si differenziano valori morali, come correttezza, giustizia, fedeltà; valori religiosi, come timore di Dio e amore del prossimo; valori politici, come tolleranza, libertà, uguaglianza; e valori materiali, come il benessere. I valori sono in ultima analisi il risultato di un processo di valutazione, vale a dire il risultato della scelta tra un comportamento e l'altro.

Le virtù, infine, sono la capacità di comportarsi in base ai singoli valori. Socrate per primo ha definito le virtù come un modo di pensare orientato alla realizzazione dei valori. Con questo abbiamo di nuovo chiuso il cerchio delle definizioni.

Le virtù hanno lo scopo di dare un ordine alla vita degli esseri umani tra di loro. Esistono dunque virtù cristiane (fede, amore, speranza) e morali (lealtà, compassione, generosità, moderazione). Significative sono anche le cosiddette virtù civili, come coraggio, zelo, gentilezza, capacità di adattamento.

I libri sulle virtù diventano best seller, ed è di tendenza il richiamo ai valori. Tuttavia quel che ci manca non sono i valori in sé, bensì i valori condivisi. Non abbiamo bisogno di norme di tipo individualistico, bensì di norme che siano vincolanti per tutti. Non più l'Etica dell'Io dell'utilitarismo, e dunque del pensiero fondato sull'utilità. Nell'attuale pluralismo delle opinioni tutto convive con tutto, persino le convinzioni etiche più contraddittorie. Le più recenti dichiarazioni e le ultime autorità vengono continuamente relativizzate. Il sociologo Peter L. Berger parla del «pentolone delle streghe della relativizzazione».

La soggettivizzazione dell'etica porta alla crisi. Dove l'essere umano non tollera su di sé alcuna istanza relativa ai valori, e si fa massimo giudice e legislatore di se stesso, non può scaturire quel consenso sulle regole che è necessario alla vita. Che ciò non sia campato in aria e che abbia conseguenze di vasta portata è dimostrato da un precedente verificatosi nella celebre Harvard Business School, una delle più famose facoltà universitarie di economia del mondo. Grazie a una donazione di venti milioni di dollari avrebbe dovuto essere istituita una cattedra di Etica, con relative lezioni, ma i professori hanno stabilito che, in mancanza di valori assoluti concordati, non si può parlare di etica; dunque hanno restituito il denaro. Il «Financial Times» ha commentato che «le radici del problema sono da ricercare nella perdita della fede in standard etici oggettivi».

Questo standard, vale a dire il principio di base dell'agire etico, è formulato in modo illuminante, comprensibile e indipendente da tutte le belle parole della filosofia nella regola d'oro della Bibbia (tutto ciò che volete venga fatto a voi, fatelo voi agli altri) e nell'imperativo categorico di Kant: comportati nel modo in cui vorresti si comportassero gli altri – (riassunto alla buona).

Inoltre, chi parla in maniera sprezzante delle "virtù secondarie" dovrebbe sapere quel che fa, perché in ultima analisi sottrae alla nostra società le motivazioni e il motore per una convivenza umana e civile. Chi disprezza le virtù onora la cultura dell'Io, e non sbarra la strada agli ideologi radicali i quali poi, come moralisti e fondamentalisti, vanno a finire in quel vuoto di virtù dove trovano grati seguaci.

I SOGNI DORATI DEI SESSANTOTTINI

Esistono molteplici ragioni per spiegare il fatto che i valori classici, assi portanti della nostra società, siano stati sottoposti allo smontaggio sistematico e irrisi come virtù secondarie (con le quali si potrebbe dirigere anche un campo di concentramento, così Oskar Lafontaine su Helmut Schmidt!). La ragione fondamentale sta nella battaglia del '68 contro ogni forma di tradizione, di autorità e di vincolo ai valori. «Via dai talari panni - la muffa di mille anni» scandiva la gentaglia per la strada. Io l'ho vissuto sulla pelle nel bastione della rivoluzione culturale, l'Università di Heidelberg, all'inizio degli anni settanta. E sono sorpreso, oggi, di constatare in quali posizioni-chiave siedano i capi (anche spirituali) delle rivolte di allora. La "marcia attraverso le istituzioni" è una storia di successi senza precedenti.

In tutto ciò, la capacità di trasformazione politica *à la* Wendehals è tale da togliere il respiro persino ai precursori in campo filosofico. Se, nel 1986, Jürgen Habermas tacciava dal pulpito i suoi avversari Hillgruber, Nolte e Stürmer di essere «storici revisionisti della NATO», dodici anni dopo egli stesso staccava un metaforico e filosofico biglietto gratuito per il conteso Kosovo in favore dell'esercito federale tedesco, e dunque per il governo rosso-verde di Schröder-Fischer.

Interessante è anche il fatto che uno dei padri fondatori della neo-marxista Scuola di Francoforte, Max Horkheimer, poco prima della sua morte fece il punto sul nichilistico errore fondamentale del movimento del '68 e, con raccapriccio dei suoi discepoli, dichiarò: «La politica senza teologia è assurda. Tutto ciò che ha a che fare con la Morale e con l'umanità fa riferimento al messaggio biblico. E la ribellione dei giovani è un'inconscia disperazione dietro la quale si nasconde la non pacificata nostalgia della religione». In ogni caso, Jürgen Habermas non è rimasto indifferente a tutto questo. In occasione del conferimento del Premio per la pace del Deutsches Buchhandel per l'anno 2001[6], un mese dopo l'attentato di New York, nel suo discorso di ringraziamento parlò in questi termini del rapporto tra fede e conoscenza: lo Stato costituzionale liberale è in stretta dipendenza dalla risorsa che la teologia rappresenta per la conoscenza, e nelle comunità cristiane «è rimasto intatto qualcosa che altrove è andato perduto». In un incontro con l'allora cardinale Ratzinger, il più importante filosofo della democrazia liberale e laica si mostrò affascinato dalla salvifica forza che possiede la religione di lasciare l'impronta, di plasmare, in una società che, di fronte alla «modernizzazione fuorviante», ha paura di se stessa.

Così prevede «l'addio alla società del divertimento» Felizitas Romeiß-Stracke, una ricercatrice di Monaco che si occupa di nuove tendenze: nei prossimi dieci anni, all'egocentrica autorealizzazione come misura di tutte le cose, seguirà una rinascita di questioni esistenziali di valore e di senso. Soprattutto sarà la fede cristiana a «cadere di nuovo su un terreno fertile»[7]. Il calcolo dei sessantottini non è risultato giusto in base al motto della gioventù socialista di allora *à la* Gerhard Schröder: «Voglio una società che renda superflua la Chiesa».

Del resto, alcuni slogan del '68 suonano oggi così innocentemente giusti, quanto la musica dei Beatles, un tempo tanto malvista, suona oggi classica.

[6] Commercio librario tedesco (*n.d.T.*).

[7] Questo sviluppo futuro è descritto dal settimanale confessionale ad alta tiratura «ideaSpektrum» (Wetzlar) con le sue notizie dal mondo cristiano (*n.d.A.*).

La libertà era una delle grandi istanze. Oppure l'autodeterminazione. E tuttavia la libertà è presto degenerata in tempo libero. Nessun paese sulla terra lavora poco quanto i tedeschi. A questo ci siamo ormai abituati, istallandoci con piacere nel parco dei divertimenti Germania. Nello stesso tempo, la congiuntura economica è in rapido crollo. Non c'è da meravigliarsi che un grido di protesta attraversi l'intero paese quando si tratta di lavorare un'ora o due in più alla settimana. «Unità per il diritto al tempo libero», così l'imitatore del cancelliere Elmar Brand ironizza sul nostro inno nazionale.

In ogni caso, proprio nel momento in cui noi già letteralmente ci sbrachiamo sulla birretta del dopo lavoro, i nostri più forti concorrenti sul mercato mondiale si mettono a lavorare sul serio: gli americani lavorano 1805 ore, i giapponesi 1859, i coreani 2447 leggendarie ore all'anno. Il bilancio da noi in Germania: 1446 ore all'Ovest e 1467 all'Est, secondo lo studio ufficiale dell'OECD del settembre 2003. Ma il nostro vero campionato del mondo lo vinciamo, noi tedeschi, nei giorni di ferie: in media quarantatré giorni, mentre negli Stati Uniti ce ne sono solo ventitré! Anche l'età della pensione è da noi (ancora!) illusoriamente bassa: in media, 60,3 anni. In Inghilterra si va in pensione a 62,6, in Giappone addirittura a 68,5 anni. Se si pensa che la Germania ha la durata più lunga del mondo degli studi, non ci si deve più stupire del crollo del sistema sociale. Né sul fatto che nel frattempo siamo diventati il fanalino di coda dello sviluppo europeo.

Nella questione del lavoro, gli esperti mostrano che siamo ormai arrivati alla vera e propria società dei tre giorni (ma-me-gio). Il venerdì infatti si deve andare a casa per tempo, per non incappare nei primi ingorghi. E il lunedì ci si deve prima di tutto riprendere dallo stress di un fine settimana riempito fino all'orlo. Già le prime edizioni dei giornali dell'anno nuovo ci caricano di belle immagini di fantastici ponti festivi, nei quali con pochi giorni di ferie si può ricavare una bella quantità di tempo libero. Interminabili annunci di file e di ingorghi per la slavina di metallo della nuova povertà riempiono in quei giorni i programmi radiofonici.

Agli imprenditori (se, per pura rassegnazione, non si sono trasformati nel frattempo in gente che lascia correre) è rimasta in realtà una sola ricetta per rimotivare i collaboratori e rimettere in marcia l'azienda: devono riuscire a riportare nel posto di lavoro l'energia che viene polverizzata nel tempo libero. Il lavoro deve dare un senso, ma può anche diventare un divertimento.

Un problema per la nostra economia è anche il fenomeno significativamente definito "far festa in malattia". Anche questa diagnosi fa male: la Germania è campione del mondo e Berlino la capitale dei malati. Ma Berlino è anche la metropoli dei simulatori, secondo la DAK[8], maggio 2004. In questa città, ben 60.000 visite mediche all'anno sarebbero superflue. Persino gli esperti sono sorpresi del fatto che i giovani vanno dal medico dieci volte di più delle persone sopra i sessanta. E in più, a causa di sciocchezze, con le quali i più anziani vanno comunque a lavorare.

La libertà civile dell'autodeterminazione, anche di quella dei sogni (non poi così sbagliati) dei sessan-

[8] Deutsche Angestellte Krankenkasse - Assicurazione malattie dei dipendenti pubblici.

tottini, si è con enorme rapidità degradata al grado zero dell'autorealizzazione. E qui l'autorealizzazione, come afferma il grande psicoterapeuta Victor E. Frankl, altro non è che «una parola che dissimula un egoismo portato all'estremo». Io, io e ancora io! Il filosofo della cultura Robert Spaemann vede in questo il primo passo per l'esaltazione di se stessi.

Ecco dunque che la società del divertimento dei singoli esseri umani, con i loro desideri e i loro bisogni, viene a essere la questione assolutamente centrale. Fino alla seguente domanda: a partire da quando un essere umano (non nato) è degno di vivere, e fino a quando un altro essere umano (vecchio e bisognoso di cure) è adatto a vivere, prima di venir "liquidato" con la benedizione della medicina moderna?

Quel che frena il divertimento deve sparire. Anche se si tratta delle più semplici regole della convivenza. In risonanza con il grido di battaglia della Rivoluzione francese, lo scrittore Claus Jakobi descrive la nostra società post-sessantottina con il titolo: *Tempo libero, indifferenza, trascuratezza*.

I BAMBINI: UN RISCHIO-COSTI

Nelson Mandela, un idolo della sinistra, disse una volta: «Il grado di umanità di una società, lo si misura nel suo modo di trattare i bambini e i vecchi». Eppure, da noi, i bambini sono ormai diventati un rischio-costi incalcolabile. Prima di essere un compito, essi sono una spesa per i genitori e la famiglia. La crescente economizzazione di tutti gli ambiti dell'esistenza rende sempre più difficile la decisione di fare un figlio, rinunciando a un certo numero di agi della vita. Si pensi solo alla ricerca di una casa, dove diventa immediatamente chiaro come una famiglia con due bambini rischi una latente marginalità sociale. La società del tempo libero ha in sé, nel più vero senso della parola, qualcosa di mortale. Nel prolungare convulsamente la nostra vita perdiamo al gioco il nostro futuro. La «speciale protezione» che l'articolo sei della nostra Costituzione garantisce alla famiglia non è mai stata messa in atto dalla politica. Anzi: essa continua ancora oggi a essere negata sotto la copertura della tolleranza, della modernità e dell'apertura al mondo. La famiglia si è degradata, è diventata il vero gruppo marginale della nostra società. Tanto è vero che, nel suo primo discorso da presidente, Horst Köhler ha messo come punto centrale i bambini e la famiglia.

L'idea emancipatoria di lasciare un bambino a se stesso, oppure di affidarlo ad altri, per potersi realizzare nel lavoro, non suona affatto immorale, anzi è considerata progressista, anche se la psicologia infantile conferma che crescere i figli non è affatto un secondo lavoro da svolgersi la sera quando si è finito l'altro. I bambini piccoli hanno bisogno di almeno un familiare che garantisca presenza costante e risposte alle loro domande, e questo per ventiquattro ore al giorno.

Il fatto che, nell'ambito della famiglia, stiamo vivendo un sorprendente cambiamento di tendenza è confermato da un articolo nel settimanale di attualità orientato a sinistra, «Zeit», al quale non c'è nulla da aggiungere: «Ci è stato detto che la famiglia è un male. Ci è stato detto che la famiglia distrugge la personalità. Ci hanno mentito. La famiglia resta pur sempre la migliore di tutte le forme possibili di vita. Solo la famiglia trasmette amore, felicità e sicurezza... Le forme di vita alternativa sono fallite. E dunque:

fate bambini! Fondate famiglie! Non esiste niente in contrario e molto a favore... le donne dovrebbero di nuovo rimanere a casa. Avere bambini realizza più del 98% dei lavori. Ci scommettete?».

Ora: in quale mondo cresceranno i nostri figli? Quale sia, qui da noi, la misura dell'accettazione dei bambini è reso molto chiaramente da un episodio che mi ha raccontato il ministro per gli Affari sociali della Bassa Sassonia, Ursula von der Leyen. Nel corso di un viaggio negli Stati Uniti le era capitato di entrare in un supermercato con i suoi sette figli; il direttore, meravigliato e raggiante, l'aveva apostrofata con un «You are blessed!» («Sii benedetta!»). Pochi mesi dopo, entrata con i bambini in un supermercato tedesco, era stata ricevuta con le seguenti parole: «Che non mi si mettano a toccare tutto!».

Eppure, torneremo tutti ad avere nostalgia dei bambini, una volta che sarà diventato chiaro quale alto prezzo abbia il crescente invecchiamento della nostra società.

LA GUERRA DELLE GENERAZIONI

In Germania si sente risuonare il ticchettio di una bomba demografica. Nell'anno 2050 il numero degli anziani nell'intera società sarà raddoppiato. Un numero sempre più basso di giovani lavoreranno per un numero sempre più alto di vecchi, e dovranno economizzare i contributi per le pensioni. Sempre nel 2050, la Germania avrà perduto dodici milioni di persone. Più dei caduti di tutti i paesi nella prima guerra mondiale. «Nel regno animale, questo significherebbe una condanna all'estinzione» scrive l'editore della «Frankfurter Allgemeine Zeitung», Frank Schirrmacher. Nel futuro, le vere battaglie si faranno per la distribuzione delle pensioni e dei posti nei ricoveri per anziani. La prossima guerra è la guerra delle generazioni.

Le conseguenze economiche sono catastrofiche. Lo sviluppo demografico rende, ad esempio, il mercato-Germania sempre meno interessante. Se con gli Stati Uniti siamo ancora allo stesso livello economico, si domandano gli americani: «Per quanto tempo ancora?». E i produttori tedeschi di alimenti per bambini riconvertono fin d'ora la loro produzione sui prodotti dietetici per anziani. Le opposte tendenze della demografia e dell'economia sono destinate a diventare il maggior problema mondiale.

L'Ufficio federale di statistica registra qui da noi 14,2 milioni di nuclei familiari composti da una sola persona. Più donne che uomini, più accademici che operai. Anno per anno cresce il numero di coloro che, a causa di separazione, divorzio, morte o libera scelta, attraversano l'esistenza da soli. L'imperversante individualismo della "cultura single" e le patologiche incapacità di stringere legami hanno conseguenze demografiche devastanti.

Significativo è il modo in cui la società del divertimento produce una "subcultura single": Internet come luogo di contatti, eventi come i *blind date dinners* e i *flirt brunch* promettono una sicurezza di tipo familiare con il fascino dell'assenza di legami. «I trentenni single di oggi a ottant'anni si sentiranno molto soli. A casa di chi ha figli e nipoti almeno di tanto in tanto suona il telefono» (Herwig Birg). Oggi non abbiamo alcuna idea, né tantomeno esperienza, di cosa accadrà tra alcuni decenni, quando questa società-single diventerà vecchia e bisognosa di cure. Allora la festa sarà finita davvero. «Qualcosa è andato storto: le forme moderne della famiglia per la maggior parte non sono frutto di programmi, bensì soltanto conseguenze di unioni fallite» («Focus», 40/2002).

Il "papa" della scienza della popolazione, il professor Herwig Birg, dell'Università di Bielefeld, fa appello a una rivoluzione culturale che fronteggi l'incombente guerra tra generazioni. Abbiamo bisogno di élites che, invece di distaccarsi dalla famiglia, siano di esempio nel mettere al mondo bambini. Più del 40% delle accademiche già oggi non ha figli. Nella Germania orientale, il 12% delle coppie rinuncia ad avere bambini, in quella occidentale addirittura il 30%. Numeri che allarmano e irritano. E tuttavia l'irritazione è la migliore premessa per qualsiasi processo di apprendimento. Del resto, sostiene Birg, sono necessari settantacinque anni per correggere gli errori di una generazione. «Al momento stiamo correndo a tutta velocità contro un muro che non abbiamo eliminato in tempo» (Kurt Biedenkopf).

Una ragione essenziale, ma spudoratamente taciuta, della diminuzione della popolazione è l'alto numero delle interruzioni volontarie di gravidanza (IVG): centottantadue ogni mille nascite, questo il dato dell'Istituto di statistica per il 2003. Anche a prescindere da argomentazioni di natura etica, è quasi assurdo che sia proprio lo Stato, attraverso il finanziamento dell'IVG (con una quota che supera il 90%), a sostenere attivamente lo sviluppo negativo della popolazione e, con esso, l'incombente collasso del sistema sociale! Dall'introduzione della regolamentazione dei tempi consentiti per l'IVG, nel 1974, sono stati uccisi più di otto milioni di bambini non nati. Annualmente, il doppio degli abitanti di Potsdam. Un segnale di povertà per il nostro ricco paese. «Mentre noi uccidiamo i nostri figli a migliaia e migliaia, la nostra società si avvia al tramonto sempre più vecchia» (cardinale Meisner). Di fronte alla moderna tecnica medica ci si chiede: davvero vogliamo avere sempre più persone anziane che non hanno il diritto di morire, al prezzo di bambini che non possono vivere?

Eppure la società del divertimento non tollera nessuna seria disputa sul delicato tema dell'aborto. Il commentatore ebreo del quotidiano statunitense «National Review», Mark Steyn, scriveva nel maggio 2004, dopo la "March for Women's Lives" organizzata a Washington dal movimento femminista: «In realtà, l'aborto è stato eletto al rango di sacramento della nuova religione dell'Io. Se qualcuno si alzasse in piedi per parlare dei problemi di coscienza di una quindicenne messa incinta dopo una festa verrebbe sicuramente fischiato. Di problemi di qualsiasi genere, nella società del divertimento non si vuol sentire parlare... Prima che questo secolo finisca, la sinistra si pentirà amaramente dell'intreccio tra femminismo e aborto». Quando un funzionario clericale di Karlsruhe, una volta, in una trasmissione venduta come una "devozione del mattino" definì la soluzione dei tempi consentiti per l'IVG come la più rispondente alla volontà di Dio, nell'istante stesso il conduttore interruppe il discorso con un attuale: «Attenzione a uno che fa da guida ai fantasmi»!

Per quel che riguarda lo sviluppo della popolazione da noi, si rivela interessante lo studio *Germania 2020* dell'Istituto di Berlino per la popolazione e lo sviluppo. Gli esperti temono uno spopolamento dell'Est a causa di migrazioni ancora maggiori, vedono come future regioni del boom soprattutto quelle della Germania del sud e informano che il distretto di Cloppenburg, nella Bassa Sassonia, è quello con il maggior numero di bambini. Con la motivazione di tale abbondanza di bambini, i ricercatori di Berlino infrangono un tabù: infatti, in questo distretto, solo un numero basso di donne lavora fuori casa.

Che cosa significa dunque il fatto che una gran parte dell'élite colta abbandona di fatto il processo generativo? A scioperare sono proprio le famiglie che più di tutte potrebbero trasmettere conoscenze e cultura. Inoltre, quest'ombra non si allunga soltanto sul futuro. Già oggi dobbiamo chiederci che cosa sta succedendo al nostro presente, se così tante persone non vogliono "continuare", non vogliono trasmettere nulla né produrre un futuro. Cosa significa una vita segnata dal fatto che dopo di noi non c'è più nulla? È come ai tempi di Noè: dopo di noi il diluvio. La *Germania si estingue o si rincretinisce*, titola la «Welt am Sonntag».

ADDIO ALLA CULTURA GIOVANILE

Il nostro mercato del lavoro si trova di fronte a una trasformazione rispetto alla quale la rivoluzione industriale è stata totalmente innocua. Infatti, dal deficit demografico di oggi nascerà domani un deficit di candidati al lavoro. La conseguenza: la religione giovanile della società del divertimento, al quale molte aziende hanno tributato un vero culto, presto sarà estinta. Dopo il fallimento shock dell'illusoria "New Economy", siamo ora sulla strada della "Grey Economy" dei Bellheim[9]. Annunci di lavoro con il cinico motto: «Si deve rafforzare il giovane e dinamico

[9] Personaggio di un vecchio film a episodi, che incarna la figura dell'arrampicatore sociale (*n.d.T.*).

team, niente ultraquarantenni» ben presto apparterrà al passato.

Dovremo essere in grado di trovare una cultura imprenditoriale totalmente nuova. Le imprese affronteranno (dovranno farlo!) il futuro con i collaboratori che hanno attualmente, dal momento che c'è una disponibilità sempre minore di nuove leve. L'azienda e il personale invecchieranno insieme. Questa è ormai l'idea che deve farsi il management. Senza l'apprezzamento del lavoro dei più anziani non sarà più possibile andare avanti.

Gli anni del culto della giovinezza saranno presto lontani. Nella vita lavorativa del futuro sarà la generazione matura a dare il tono. Già alla fine del primo decennio del nuovo secolo, il 58% degli occupati avrà più di cinquant'anni. Collaboratori dalle tempie grigie plasmeranno la vita quotidiana delle imprese. La generazione tutta surf e spasso di una società del divertimento ormai alla fine si mette sulla difensiva. Oggi la quota di coloro che hanno meno di quarant'anni è ancora del 52%, ma il cambiamento sta arrivando a grande velocità. Non si tratta di chiacchiere da caffè. Tutti i futuri impiegati dei prossimi quindici anni sono già nati, e ciò rende irreversibile questa tendenza.

Lo scivolamento dell'età della pensione arriverà sicuro come l'amen in chiesa, per quanto possano avere da protestare i sindacati. E perché mai non dovrebbe essere così? I sessantenni di oggi sono molto spesso in condizioni di salute migliore e più dinamici di quel che erano mezzo secolo fa. In ogni caso, più motivati e più esperti della vita dei giovani tra venti e trent'anni, idealizzati dal culto della gioventù.

La nostra immagine della vecchiaia dovrà mutare completamente. La generazione dei "più cinquanta" non può più essere ridotta al ruolo di candidata al prepensionamento. «I più anziani verranno di nuovo utilizzati», così afferma il teorico del management Peter Drucker. Qualsiasi società avrà nel futuro il massimo del successo «se avrà la capacità di rendere creative le convinzioni culturali e religiose dei più anziani» (Schirrmacher).

Il fatto che tutte le aziende, nella loro follia malata per la gioventù, oggi non impiegano più collaboratori al di sopra dei cinquant'anni, non è soltanto uno scandalo, ma è qualcosa che nel futuro non potrà più continuare ad avvenire. Il mobbing contro i più anziani dovrà finire se l'azienda vorrà sopravvivere. «La discriminazione degli anziani e dei vecchi si trasformerà in una posizione di svantaggio sul piano economico e intellettuale» (Schirrmacher).

Non è del resto da imputare agli anziani il fatto che si parli dell'invecchiamento della società come di un fatto essenzialmente catastrofico. Il capo dell'Unione degli anziani della CDU/CSU vuole procedere – se necessario anche di fronte alla Corte costituzionale federale – contro lo svantaggio del pensionamento obbligatorio oggi praticato: «Voglio restituire agli anziani la dignità e la gioia di vivere. Ciò toglierà ai giovani anche la paura dell'invecchiamento». Gli anziani hanno tutte le ragioni di essere fieri di quel che hanno realizzato nella vita. Solo chi sente questa fierezza può essere motivato a impegnarsi ancora per il bene della società.

Presto ci saranno masse di nonni privi di nipoti. «È come nell'atterraggio sulla luna. Stiamo scoprendo un nuovo pianeta. Beato colui che potrà ancora invecchiare nel microcosmo della propria famiglia» (Schirrmacher). Già nell'anno 2040, un tedesco su due avrà più di sessantacinque anni. Chi viene al mondo oggi ha un'aspettativa di vita di novantotto anni se uomo, e di centodue anni se donna, in base alla nuova tabella sull'età della morte delle compagnie di assicurazione.

Per poter mantenere le quote di anziani che esistono attualmente, sarebbero necessari – secondo le stime dell'ONU – 3,6 milioni l'anno di immigrati. Anche per mantenere il semplice numero di abitanti odierni, in Germania, sarebbe necessario (con una cifra attuale di 600.000 emigrati, più un piccolo quantitativo di nascite) un milione di arrivi all'anno. Con ciò è chiaro a chiunque sia in grado di calcolare a mente fredda quanto segue: l'immigrazione può forse mitigare gli incombenti problemi della cura agli anziani e del sistema sanitario, ma in nessun caso potrà risolverli.

La Germania è già oggi il paese con la più alta immigrazione del mondo. Abbiamo da quattro a cinque volte gli arrivi dei paesi classici dell'emigrazione, come il Canada e l'Australia. E chi vuole risolvere il problema dell'immigrazione dovrebbe anche prestare attenzione al fatto che già il 60% dei bambini nati nel nostro paese ha un diverso background culturale. Nelle grandi città come Berlino o Francoforte questo rapporto è, in molte scuole, ancora più drammatico.

Il problema della nostra identità culturale si pone in maniera sempre più pressante. In merito all'intenzione del Senato rosso-rosso di Berlino di vietare a impiegati e insegnanti di portare non solo il velo, ma anche la croce, il deputato CDU Günther Nooke, tedesco dell'Est, ha dichiarato: «Dopo aver portato avanti la decristianizzazione della nostra società, ora la sinistra attacca le radici orientali».

La «Wirtschaftswoche», pubblicata a Düsseldorf, ha scritto: «In Germania non si è mai stati più ricchi di oggi. Né mai si è stati più privi di radici...». Un problema che nel frattempo riguarda anche le imprese. Visioni, strategie, *corporate identity*, e tutti i trucchi di costosi consulenti, sono destinati a rimanere come gusci vuoti finché non vengono fatti propri dal personale, in quanto valori sentiti e vincolanti. Ciò a partire dalla puntualità e dall'onestà, per finire al comportamento sociale.

Possiamo osservare nel mondo delle piante in che misura siano importanti le radici. Quanto più le radici sono profonde tanto più è facile superare le crisi energetiche (come la caldissima estate del 2003). Tanto più difficilmente le tempeste (della vita quotidiana) possono buttarti a terra, quanto più si dispone di un saldo appiglio. E tuttavia c'è qualcosa che in questa immagine quasi mai si nota: tanto più sono profonde le radici tanto meno si può essere trapiantati.

È proprio in questo che il nostro presente si mostra come un tempo senza radici. Le persone si lasciano portare ovunque in maniera rapida (e avventata). Si segue ogni opinione alla moda del momento. Il ritmo è dato dallo *Zeitgeist*, plasmato dalla demoscopia e da tutto ciò che è "in". I tempi di dimezzamento dell'orientamento della nostra vita diventano sempre più brevi. Senza un forte apparato di radici rimaniamo esposti al vento di ogni parola d'ordine. Chi si lascia continuamente "trapiantare" alla fine rimane privo di punti di riferimento. Viviamo in una società del trapianto, che sospetta di fondamentalismo qualsiasi proclamazione di valori certi.

Qui, ad esempio, è necessario il coraggio determinato di cristiani risoluti, che devono accettare il confronto con lo spirito del tempo e con la sua cultura, senza ripetere meccanicamente i luoghi comuni dei profeti di tendenza. Ciò richiede uno stile di vita che prenda esempio dalla Bibbia, e che sia radicale e privo di compromessi. Soltanto in questo modo i cristiani possono contribuire al rinnovamento della nostra società. Chi, tuttavia, ha perduto la propria identità e la propria forza di opposizione (per mancanza di sufficienti radici), viene a trovarsi ai margini della società, omologato e privo di ogni influenza. Una Chiesa di questo genere sarebbe una sub-cultura auto-secolarizzata, che prolungherebbe un'inosservata esistenza di nicchia, interessante solo se procura divertimento.

E tuttavia, solo ciò che è costante trova una congiuntura favorevole. «Un supermarket della Fede, con cambiamenti veloci e infinite combinazioni» (Matthias Horx, studioso di nuove tendenze) risulta attraente solo a prima vista, in base al motto: servitevi, e sarete beati. Anche qui si fanno i conti con la seconda scelta: e, in conclusione, conta solo ciò che è autentico. Le religioni di breve respiro non possono riempire durevolmente il vuoto di valori, né offrire le sicurezze necessarie.

Nemmeno le correnti di moda ornate di cristianesimo, con tempi di dimezzamento sempre più brevi, riescono ormai a convincere i più critici tra i contemporanei. Le Chiese devono incitare a che sempre meno esseri umani pongano a esse le loro domande esistenziali. È necessaria la chiarezza. I cristiani hanno qualcosa da dire se lasciano la parola a Cristo. I divieti, nel carrello di questa nostra pluralistica società-supermercato, non devono degenerare in offerte speciali. Se tutto è verità, niente è più verità.

Il fatto che in questo libro non ci occupiamo di un qualche idillio piccolo-borghese volto al passato, bensì del tema più bruciante del nostro futuro, è confermato dall'affermazione testamentaria del grande filosofo di Heidelberg, Hans Georg Gadamer (1900-2001) in occasione del proprio centenario: «Il futuro è l'origine. Se non ci ricordiamo più della nostra origine, non avremo alcun futuro». Johannes Rau, da presidente federale, lo aveva detto con toni più popolari: «Se non sai da dove vieni, non puoi sapere dove stai andando». Soltanto chi sa da dove viene può sapere dove va.

La strada verso il futuro non può essere quella il cui fondo è diventato sconnesso e paludoso a causa di valori scelti a proprio piacimento. Il politologo Werner Weidenfeld parla di «scivolamenti tettonici», che si ripercuotono nelle dimensioni profonde dei modi di vivere, dei valori, delle mentalità e nelle costellazioni del potere e della cultura. Il pluralismo privo di fondamenti e di basi porta a un'essenziale insicurezza della nostra società. Il compito decisivo della modernità, Weidenfeld lo vede nell'appello: «Conservate le radici culturali!». Non dimenticate le vostre origini! «Un popolo privo di un sostegno interno vaga e perde la strada nella notte e nel terrore» (Otto Dibelius).

La questione della nostra origine, delle nostre radici, della nostra identità – tutte queste sono domande chiave per il nostro futuro. Chi oggi se ne occupa non è reazionario, bensì progressista. Ne va della sopravvivenza della nostra società, e non di un'idealizzazione né di una restaurazione del nostro passato.

Solo un esempio: la politica europea attuale ne è

connotata con estrema precisione. Che cos'è l'Europa? Che cosa ci aspettiamo dall'Europa e, soprattutto, chi ne fa parte?

L'EUROPA NON È UN CONTINENTE

Nel frattempo abbiamo ridotto l'Europa alle sue prime due sillabe. Quando si parla dell'ampliamento dell'Europa e dell'importanza della Comunità europea, la maggior parte delle persone pensano per prima cosa all'economia, alla valuta comune, alla politica della difesa e a quella estera. Ma l'Europa è ben più dell'euro. E anche più che non un semplice continente.

Dal punto di vista geografico, l'Europa è al massimo il "naso" dell'Asia, un'appendice del grande continente vicino. Continenti nel senso classico sono l'Australia e l'Africa. Perché la frontiera si trova negli Urali e al Bosforo? Perché le appartengono del tutto automaticamente gli Stati al di là di quella che un tempo era la cortina di ferro? Quando, il 1° maggio 2004, si realizzò un sogno, ed entrarono nella UE dieci paesi che due decenni prima ancora si armavano contro di noi, i commoventi festeggiamenti e le toccanti funzioni religiose testimoniarono di un dato di fatto: siamo un'unica e sola cultura. La separazione di un tempo non è stata altro che arbitrio ideologico (e ateo!). Siamo adatti a stare insieme.

L'Europa è un'idea, una comunità di valori, un'unità culturale. Le chiacchiere da *Stammtisch*[10] del «Club dei cristiani», per la cui esistenza oggi (a proposito dell'ingresso della Turchia) non esiste più nes-

[10] Tavolo abituale nel locale preferito (*n.d.T.*).

suna giustificazione, vanno però direttamente al nocciolo della questione. Si può buttare a mare la storia, ma negarla non si può. Sì, l'Europa ha, sin dall'inizio, come legame unificante e come sistema portante dei valori, il suo conio cristiano. «L'Europa esiste sotto la croce, o non esiste», ammoniva il grande europeo Ottone d'Asburgo. Del resto, chi sa più, ormai, che la bandiera europea, con la sua corona di dodici stelle d'oro è un motivo tratto dalla Bibbia, e scelto proprio per questo (Apocalisse 12, 1)?

A ragione il presidente federale Horst Köhler si è espresso in favore di un riferimento a Dio nella Costituzione europea: «Abbiamo bisogno di un fondamento etico per il nostro agire, di pari passo all'impegno di comportarci in maniera responsabile con gli esseri umani e con il creato sul pianeta. Il cristianesimo ci indica la strada giusta». Il suo predecessore, Johannes Rau, nel suo discorso di fronte al Parlamento polacco, alla vigilia dello storico giorno dell'ampliamento dell'UE a est (1° maggio 2004) affermò: «I nostri due popoli e le nostre due culture sono profondamente radicati nella tradizione cristiana. Nessuna idea e nessun potere ha segnato in maniera più forte i nostri paesi, la loro storia e il pensiero degli uomini... Il riferimento a Dio corrisponde alla tradizione cristiana dell'Europa».

Quando venne chiesto a Theodor Heuß, primo presidente federale e pietra miliare liberale, quale fosse l'elemento costitutivo dell'Europa, egli rispose: l'Europa poggia su tre colline. L'Areopago (il pensiero greco della democrazia), il Campidoglio (il pensiero romano dello Stato e dei suoi cittadini, cioè della *res publica*) e – ascoltate e stupitevi – il Golgota (il pensiero cristiano della libertà, della giustizia e della dignità degli esseri umani).

Non una delle mie colonne in uno tra i più diffusi giornali europei della domenica, «Bild am Sonntag», ha trovato negli ultimi anni un'eco tanto forte quanto l'arringa in favore di un riferimento a Dio nella Costituzione europea. Centinaia di lettori di ogni strato della popolazione hanno documentato che questa questione è tutt'altro che un tema specifico della Chiesa, e sono stati d'accordo con le mie idee: «La casa dell'Europa deve essere eretta su solide fondamenta, altrimenti – per parlare con le parole della Bibbia – è costruita sulla sabbia. È assurdo non nominare neanche con una sillaba Dio e il cristianesimo. Chiunque abbia anche solo una vaga idea della storia deve sapere che i valori vincolanti di un'Europa comune sono stati coniati in maniera durevole dalla Bibbia e dal cristianesimo... Ovunque l'essere umano non sa più di essere al massimo il secondo, lì avverrà presto una catastrofe».

Se l'Europa vuole avere un futuro, deve essere cosciente delle proprie origini e vivere con la coscienza di tali radici. Il presidente della Commissione dell'UE sostenne una volta che è necessario dare un'anima all'Europa. «Gli europei devono ricordarsi in favore di che cosa prendere posizione e – se necessario – combattere. A questo fine, nulla è più utile delle fondamenta cristiane. Se queste mancano, non servono né la tecnica né la ricchezza e, dopo la fede, anche la democrazia sarà in pericolo», dice lo storico Michael Stürmer.

La discussione fatta sull'ingresso della Turchia rende chiaro che l'Europa è molto più che un semplice continente, e anche più che non una semplice comunità economica e di difesa. Alla Turchia mancano le tradizioni democratiche, essa confina con paesi come l'Iran, l'Iraq e la Siria (più del 95% del suo territorio si trova in Asia Minore); le manca l'ancoramento a valori come la separazione tra Stato e religione, la parità per le donne, la proscrizione dell'antisemitismo. La gran parte della popolazione turca (per più del 60% asiatica) potrebbe sostenere opinioni che in Germania sono superate dalla fine della guerra, e lontane mille miglia dagli standard dell'UE.

Persino l'avvocato di fiducia dell'ambasciata tedesca ad Ankara, Mehmet Köksal, chiede «più franchezza nel dibattito sull'ingresso nell'UE» e, in riferimento alle norme giuridiche turche, sostiene: «La Corte di Giustizia Europea dovrebbe confrontarsi con decine di migliaia di atti che documentano l'inconciliabilità tra la Turchia e l'UE. La Turchia non è ancora matura per entrare nell'Unione Europea... Abbiamo leggi democratiche sulla carta, ma le teste non sono ancora al passo con la legislazione».

RICCHI SFONDATI E POVERI IN CANNA

Ancora più importante la domanda: cosa tiene insieme l'Europa? Quali sono i valori per i quali vale la pena di impegnarsi? Cosa trasmettiamo ai nostri figli e nipoti? Nessuna generazione ha ereditato più di quella attuale in termini di beni e denaro. Più di quindici milioni di famiglie tedesche erediteranno di qui al 2010. Circa due miliardi di euro, vale a dire più di un quinto dell'intero patrimonio privato, passerà nelle mani della prossima generazione. Un fatto senza precedenti. Non c'è dunque da meravigliarsi che il governo rosso-verde abbia scoperto la tassa di successione proprio in quest'occasione.

Ma la domanda di fondo è: «Che cosa ereditiamo, al di là dei valori materiali? Può forse essere che proprio la generazione più ricca di tutti i tempi, in questa specifica questione, si ritrovi povera in canna? Molte persone affermano: a qualcosa bisogna pur credere. La domanda è solo: a che cosa? Che cosa offriamo agli esseri umani, oltre alle vetrine strapiene?» (Roman Herzog).

Elisabeth Noelle-Neumann, dell'Istituto Allensbach, ha risposto alla domanda su quale sia – per lei personalmente – la tendenza più sconvolgente nelle sue ricerche demoscopiche di decenni: «Il fatto che per un numero sempre minore di genitori è importante trasmettere ai propri figli quei valori che sono stati essenziali per loro stessi». Non vogliono più in alcun modo influenzare (educare) i loro figli «men che meno nella fede, nelle loro convinzioni, nei loro valori. Una falsa pista, triste sia per i genitori che per i figli».

Per un concorso di temi per liceali maturandi, a proposito dell'attuale generazione di genitori un ragazzo ha scritto (e suona come una dichiarazione di fallimento): «Ci avete reso dei teppisti di mezza tacca[11] perché non siete forti abbastanza. Non ci avete indicato nessuna strada che abbia un senso, perché questa strada voi stessi non l'avete e non siete riusciti a cercarla». Che bilancio spaventoso: non esiste più alcun patrimonio di valori, né un modo per riconquistarlo! Nell'Europa unita tira un'aria cupa per la Germania: «Nel confronto internazionale, rispetto alla vitalità del cristianesimo, la Germania ha una posizione negativa» (DPA). Infatti, in media annuale, gli irlandesi vanno a messa 38 volte, i polacchi 33, gli italiani 21, i tedeschi (nei vecchi *Länder*) solo 10.

[11] L'aggettivo "halbstark" significa sia "teppista" che "forte a metà", "di forza media" (*n.d.T.*).

Spesso, alla nostra società della superficialità, viene mossa la critica: «Viviamo alla giornata». Una critica già abbastanza negativa, e tuttavia pur sempre un eufemismo, una perifrasi che suona bene per una condizione che invece è molto più drammatica. In realtà, già da tanto tempo viviamo delle nostre sostanze, proprio come la terza generazione nei *Buddenbrook* di Thomas Mann. Ci permettiamo crociere ai Caraibi, pale a vento nel paese della svolta, e l'imperativo dell'assoluta purezza dell'aria – ma i premi Nobel e i posti di lavoro li prendono gli altri.

A proposito dei *Buddenbrook*: in una storia di copertina, il settimanale americano «Time» ha fatto piazza pulita dell'immagine di un popolo di virtù prussiane e con un valore del lavoro tutto tedesco. Al loro posto esso profetizza alla società del divertimento una «fine alla Buddenbrook»: «non un crollo improvviso, bensì una lunga serie di piccoli fiaschi e insuccessi, che quasi nessuno nota, mentre si pensa a mangiare bene, ad avere bei vestiti e un bell'aspetto. Finché tutto scompare...». Questo "tutto" sono anche quei valori senza i quali non esiste nessuna stabilità.

UNA PAVIDA SOCIETÀ DEL COMPROMESSO

Nessuno sarebbe volontariamente disposto ad ammettere di non avere un'opinione personale. Suonerebbe troppo stupido. No, noi aggiriamo invece la nostra lamentevole condizione con l'ambiguo concetto della tolleranza. Ma questo tipo di tolleranza spesso non è altro che una parola manipolatoria, che mimetizza la propria mancanza di punti di vista. Ma in verità, se si sviluppa questo pensiero in maniera coerente, si arriva all'intolleranza. Giacché, se io stesso sono privo di convinzioni personali, non posso trasmetterle agli altri. Non c'è da meravigliarsi che intellettuali islamici percepiscano il dialogo con i cristiani come una perdita di tempo, quando vedono quanto poco seriamente noi stessi prendiamo la nostra fede. La nostra pavida società del compromesso teme il vero confronto.

La grande coalizione degli indecisi, dei paurosi e dei poveri di spirito ha impedito il confronto con l'Islam finché esso ci ha preso con una violenza che proprio queste persone volevano evitare, ma della quale ormai sono colpevoli. E tale comportamento si spinge fin dentro le diverse confessioni, dove l'Islam è stato etichettato in blocco come "religione della pace e dell'amore". Le espressioni cristiane di amicizia nei confronti dell'ebraismo e di Israele fanno l'effetto di false prediche della domenica se non ci si rende conto di ciò che, ad esempio nell'"Accademia-Re-Fahd" di Bonn, sta scritto nel libro di lettura per la classe sesta, accanto a una carta geografica con l'antico assetto dell'Oriente: «Questa è la tua comunità islamica..., che ha una storia gloriosa, riempita di Jihad... Ma le crociate piene di odio, che si sono appoggiate sulla perfidia degli ebrei e sul loro tradimento, hanno lavorato per lo smembramento della comunità islamica». Si presti attenzione al fatto che le crociate sono presentate come opera degli ebrei!

Nel Rapporto del Tribunale per la tutela della Costituzione del governo federale per l'anno 2003 si parla di 310.000 persone che sarebbero «fortemente legate» a organizzazioni islamiste, il cui «raggio d'azione sarebbe però molto più vasto». «Anche istituzioni nella Repubblica federale potrebbero diventare obiettivi di attentati, giacché anche la Germania, agli occhi degli islamisti, viene considerata nel campo dei cosiddetti crociati, di coloro cioè che aiutano gli Stati Uniti e Israele»: il rapporto del ministro Otto Schily, SPD, è chiaro come il sole.

Il celebre professore musulmano Bassam Tibi, che insegna a Göttingen Relazioni internazionali, ha fatto la seguente analisi: la Jihad globale contro la miscredenza globale, questa rivoluzione islamica mondiale «è naturalmente uno dei modi di giocare dell'Islam». Uno dei padri del fondamentalismo, il pakistano Al Maududi, precocemente scomparso nel 1979, lo ha messo nero su bianco nel suo scritto *La visione islamica della politica*: l'Islam prescrive uno Stato che regoli tutti gli ambiti della vita. Si tratta di uno «Stato totalitario (*daula schmilah*), rispetto alle cui prescrizioni nessuno ha il diritto di fare opposizione. Questo Stato ha una certa somiglianza con la forma di governo fascista e comunista». Proprio a tale proposito nota Bassam Tibi: «Chi mette in discussione l'esistenza del nuovo totalitarismo e delle sue radici, affondate nell'Islam e nella Jihad, impedisce che i democratici occidentali e islamici si coalizzino per la difesa della società aperta. Nell'interesse della pace europeo-islamica, è necessario farla finita con il dialogo ambiguo» («Welt am Sonntag»», 9 maggio 2004).

È difficile stigmatizzare più chiaramente la società cristiana, raggomitolata su se stessa, che minimizza e non prende sul serio la "fede" degli altri perché ha perso la propria, o l'ha degradata a una cosa irrilevante. «Io non temo la forza dell'Islam, bensì la debolezza dell'Occidente. Il Cristianesimo ha già in parte gettato la spugna. Non ha più un'etica morale vincolante, né dogmi» (Peter Scholl-Latour).

Lo storico e pubblicista Sebastian Haffner, per lungo tempo uno dei cervelli di «Stern», alla domanda su quali siano le forze che determinano la storia e dove sia da collocare il cristianesimo al loro interno, ha risposto: «Il cristianesimo era un tempo una grande forza, ma oggi è diventato ininfluente. Gli si tributa ancora rispetto, ma non ha più alcuna forza di forgiare la società». L'autosecolarizzazione e l'autoemarginazione della cultura cristiana hanno un prezzo spaventosamente alto!

TRA CROCE E FOULARD

La discussione sul foulard, indossato dalle impiegate statali musulmane, è sintomatica. Soltanto chi ha degradato la croce di Cristo al rango di un semplice gioiello e ha liquidato il discorso sul suo significato fondamentale (la durissima critica della Chiesa al film di Mel Gibson *La passione di Cristo* a Pasqua del 2004 ne è un esempio illuminante!) può ridurre il foulard a un pezzo di stoffa folcloristico.

C'è comunque una chiara linea di demarcazione tra il tanto tirato in ballo (anche dai giudici del Tribunale per la difesa della Costituzione) abito monacale e il foulard. Mentre l'abito dei diversi ordini cristiani ha uno sfondo religioso e personale, ed è espressione di una pia condotta di vita che non vincola nessun altro, il foulard è espressione di una religione che agisce chiaramente da politica dello Stato.

Non è soltanto la coalizione che va dagli illuminati contemporanei del ministro degli Interni – CSU – Günther Beckstein fino a Margot Käßmann, vescovo, e alla femminista Alice Schwarzer, ma sono anche gli stessi musulmani progressisti a sostenere – come la pubblicista Namo Aziz nel settimanale liberale «Die Zeit», sotto il titolo *Via il foulard!* – «Io non lascerei mai che a mio figlio facesse lezione un'insegnante con il foulard, e vorrei visitare le moschee anche nei paesi islamici, e non solo in Germania».

È con grande incisività che Nemo Aziz ci traccia un quadro d'insieme: «Chi in Germania tollera il foulard nelle scuole e nelle università dovrebbe anche prendere in considerazione l'introduzione delle punizioni previste dalla Sharia, come la fustigazione, l'amputazione e la lapidazione. E, per quanto riguarda la tolleranza rispetto ad altre religioni, ci sono naturalmente anche gli indù, ai quali piacerebbe molto far galleggiare sul Reno le ceneri dei loro morti. Nell'assurda Germania tutto è possibile».

Da noi è possibile una svendita della nostra cultura che non ha precedenti nel mondo. Sotto la copertura della libertà dell'arte e della satira, si calpestano i sentimenti religiosi e spesso si dileggiano i simboli cristiani. Gesù, la croce, la comunione, la vocazione religiosa come oggetto di dileggio, i cristiani come ingenui e pazzi. Mentre il venerdì santo, una delle più alte festività cristiane, fino a poco tempo fa veniva onorato non solo con l'astinenza dal lavoro, ma anche attraverso il fatto che la vita pubblica taceva, oggi, nel giorno che ricorda la crocifissione, i locali di Berlino offrono ai visitatori più di cento party notturni. Alcuni hanno titoli cinici come *Appendilo più in alto*, o *La crocifissione*. Si immagini solo per un attimo cosa sarebbe successo se qualcosa di paragonabile fosse avvenuto per lo Yom Kippur in Israele, o durante il Ramadan in Arabia Saudita... Non c'è da meravigliarsi che Peter Scholl-Latour parli del disprezzo come motivo scatenante che spinge i musulmani credenti a prendere posizione contro il decadente mondo dell'Occidente.

La blasfemia scatenata è un chiodo nella bara della nostra cultura. «La perdita del pudore è il primo segnale della deficienza» (Sigmund Freud). Le cose non possono andare bene se non abbiamo più nulla di sacro, vale a dire di intoccabile e di non disponibile. La rottura della diga degli ultimi tabù apre a una marea omicida e inarrestabile l'ultimissimo spazio vitale protetto della nostra società.

Per il comico TV di origine turca Kaya Yanar (che recita nella sit-com *Cos'hai da guardare?*, sul canale SAT1) che, in modo del tutto aperto e disinvolto, scherza anche sugli stranieri, restano «del tutto tabù le battute sull'Islam». Ha osato solo una volta. «Dopo lettere furibonde, che sostenevano non si dovessero oltraggiare simboli sacri, come ad esempio, il foulard, non abbiamo più messo le mani su questo ferro rovente», e aggiunge molto eloquentemente: «Vorrei vivere un po' più a lungo dei miei trent'anni».

Eppure siamo già arrivati al punto in cui si può pretendere che un innocuo crocifisso, simbolo della tolleranza, della misericordia e dell'amore tra gli esseri umani, venga tolto da aule di scuole e di tribunali. Con tutto ciò, non solo la «responsabilità di fronte a Dio e agli uomini» è ancorata alla Costituzione, ma ci sono anche alcuni *Länder* che si impegnano per raggiungere un ideale educativo «nel timore di Dio». Un insegnante che protesti contro il crocifisso è anche un caso di dislessia, o un caso per lo studio *Pisa*, perché evidentemente non sa leggere lo statuto che sta alla base della sua condizione di dipendente statale.

Per tacere poi dell'appendice religiosa della formula di giuramento, che però in genere non viene pronunciata. Contrario il presidente federale Horst Köhler nel suo discorso di insediamento, il primo luglio 2004: «Intendo il mio giuramento di servizio come un impegno a contribuire al rinnovamento della

Germania. La mia bussola personale in questo compito è la mia immagine cristiana dell'uomo, e la coscienza che l'operato umano è in fondo sempre un operato provvisorio».

Quando, in occasione del trasferimento a Berlino della sede del Parlamento federale, venne inaugurato il *Reichstag*, restaurato per espresso desiderio del presidente Wolfgang Thierse, cattolico praticante, ciò avvenne con una cerimonia ufficiale di benedizione. Sui gradini, sotto l'iscrizione «Al popolo tedesco» vennero letti passi dai Salmi, venne recitato il *Padre nostro* e, con l'accompagnamento dei tromboni, si cantò il corale *Dio grande, ti lodiamo.* Invece, nonostante le preghiere da parte della Chiesa, ciò decisamente non accadde per l'ingresso del cancellierato di Schröder. Quando poi i due membri del Sinodo regionale della Baviera, i decani Michael Wehrwein e Fritz Schroth, inviarono un crocifisso di legno fatto a mano, esso venne rimandato indietro con l'annotazione che non c'era spazio sufficiente...

TOLL-ERANZA[12]

Il fatto che la consapevole distruzione delle fondamenta dei nostri valori e la potatura mirata delle radici culturali vengano vendute sotto la copertura della tolleranza la dice lunga quanto allo stato di emergenza in cui si trova la nostra cultura. Così, per

[12] In tedesco, la parola "tolleranza" si scrive con una sola l: Toleranz. L'autore gioca qui con lo scivolamento semantico che produce la grafia con due l, da molti tedeschi seguita per errore, giacché la parola Toll-eranz includerebbe l'aggettivo "toll" (fantastico, grandioso) così tipico della società del divertimento, trasformandolo in una specie di sostantivo di nuovo conio (*n.d.T.*).

molti, la tolleranza è diventato un problema che riguarda lo studio *Pisa*, lo studio sulla catastrofe dell'istruzione. Se la maggior parte delle persone scrive la parola tolleranza con due «l» è perché trova tutto fantastico. A seconda dell'aria che tira, è di volta in volta il Dalai Lama, oppure Gesù, o il papa, o ancora il buddismo, il marxismo, la New Age o l'antica Bibbia. È fantastico tutto ciò che è alla moda. E invece i valori di lunga durata sono merce carente, già da tempo esaurita. «Chi si lascia andare alle tendenze, a ciò che è reclamizzato, è un povero diavolo. Non esiste cosa più ottusa dello *Zeitgeist*. Chi conosce solo il presente è destinato a rincretinire» (Hans Magnus Enzensberger).

Invece la vera tolleranza si fonda su punti di vista stabili. La tolleranza non fa riferimento solo a problemi di conoscenza, ma anche di coscienza, alle ultime convinzioni personali. È ancorata nella dignità della persona. Nelle questioni oggettive si può essere di opinioni diverse, ma il Tu dell'altro lo tengo stretto. Per questo la tolleranza e l'amore sono due facce della stessa medaglia.

Così, per amore dell'altro, posso anche rispettare convinzioni che non condivido. Posso tollerarle (dal latino *tolerare*), sopportarle, senza dover tradire il mio personale punto di vista. E se ho buone intenzioni nei confronti del prossimo (e così dovremmo tutti comportarci, se siamo persone tolleranti!) poi cercherò di dissuaderlo. È ciò che viene definito una missione. Il filosofo Robert Spaemann analizza intanto una fatale catena di pensieri nella nostra società superficiale: «L'esigenza di fare attenzione alle convinzioni degli altri nel frattempo si trasforma nell'esigenza di non avere più convinzioni personali. E chiunque le conservi ancora è visto come intollerante». Egli lamenta una «intollerante dogmatizzazione del relativismo». Chi proclama ferme convinzioni viene diffamato come fondamentalista. Ciò porta appunto alla situazione, assurda dal punto di vista intellettuale, che i conservatori della Chiesa cristiana devono accettare il fatto che i più perfidi agitatori provenienti dalle loro stesse fila li mettano sullo stesso piano del fondamentalismo islamico.

Se tutto è uguale a tutto, tutto diventa indifferente. Ciò conduce a una discrezionalità che rende impossibile una vera discussione sulla verità e, con essa, anche una vera ricerca di un solido consenso. Una tolleranza eccessiva rimane in fin dei conti senza presa. Si tratta di una cosa solo apparentemente simpatica, in quanto materializza il contrario del fanatismo. «Ma alla lunga questa mancanza di punti fermi e questo eterno giocare suonano come indecisione e pavidità. *Get real*, dicono gli americani a quelle persone che rifiutano costantemente la realtà. Questo potrebbe diventare il nostro prossimo obiettivo» («Die Welt»).

L'inflazione di tolleranza odierna va di pari passo con la foga di verità. Per molti il dialogo tra le religioni è diventato una religione in sé. E tuttavia, chi non è certo della propria fede è forse desideroso di dialogare, ma sicuramente non capace di farlo davvero. La "tolleranza" viene annunciata dai saggi della teologia come il più alto comandamento, mentre vengono invece sentite come elementi di disturbo la fede in Cristo e la missione. La retta via è temuta. Colui che, invece, vuole ascoltare Dio, dice Martin Lutero, non può rimanere «rannicchiato in se stesso». Se si toglie alla religione cristiana la fede in Cristo, dalla quale sola procede la certezza della salvezza, le si toglie il suo centro, la sua sostanza. Identità cristiane e tolleranza non sono certo in contraddizione.

La società del divertimento teme il confronto, perché il principio di tranquillità e di benessere la disturba. E tuttavia questa tranquillità è ingannevole. «Se non abbiamo più un patrimonio di norme e di valori provati, diventa impossibile anche il consenso necessario per le decisioni politiche» (Roman Herzog). Paul Nolte (classe 1963), professore di Storia a Brema, pensa che la passione e la disponibilità agli sforzi per il bene della nostra società trovino il loro fondamento nel rispetto patriottico di se stessi: «Senza un riferimento comune e uno sfondo di valori condivisi non si potrà realizzare alcuno sforzo in termini di riforme».

GLI ULTIMI RESISTENTI ALLA MODERNITÀ

Valori forti, convinzioni personali e verità senza tempo sono cose per uomini dell'età della pietra? Un certo tipo di discussione suscita l'impressione che se non altro i cristiani credenti siano qualcosa di simile agli ultimi resistenti alla modernità. Persone che non sanno ancora che è suonata l'ora della nuova era. E invece – considerata la cosa dal punto di vista della filosofia della cultura – viviamo ormai da lungo tempo nel postmoderno. E il vecchio filosofo Søren Kierkegaard ha comunque ancora ragione: «Un piccolo borghese è colui che ha un rapporto assoluto con cose relative». Punti primari: salute, carriera, figli ben riusciti e conti ben riempiti... chi la pensa così, scambia il consumo per il punto centrale della vita.

L'essere umano è ben più che la semplice somma delle sue prestazioni, che già oggi possono essergli portate via. La ricerca di solide fondamenta, di valori eterni e di un centro portante non è affatto una faccenda per pazzi reazionari, ma per pensatori progressisti. Di tali «pensatori in avanti e in anticipo» il paese ha bisogno, se dalla nostra labile società deve nascerne di nuovo una stabile.

Il nostro mondo scivola sempre di più nell'astratto, nel virtuale, e nell'impersonale. Già l'ateo Ernst Bloch sentì, da apripista del '68, la freddezza della nostra società e volle «opporre alla corrente di freddezza una corrente di calore». D'altro canto, però, il suo «Principio Speranza» si è rivelato un errore, perché una speranza autentica e capace di sopravvivere non può essere un dogma intellettuale, ma deve invece essere una relazione personale e viva. La questione di Dio e di Gesù Cristo come speranza incarnata diventa sempre più attuale.

È proprio in tempi di mobilità e di flessibilità che abbiamo bisogno di qualcosa di forte come criterio di orientamento per il futuro. Altrimenti verremo travolti inermi – nel più vero senso della parola – dalle parole d'ordine del presente: globalizzazione, digitalizzazione, cosmopolitizzazione, individualizzazione...

NEVE DI IERI

A un cabaret politico si è dato il tema *L'uomo moderno*. Allora si fa attenzione, perché dal palcoscenico di teatri critici ci si possono aspettare analisi pungenti del momento attuale. E si ascolta con meraviglia quel che il «Düsseldorfer Kommödchen»[13] ha da dire all'uomo moderno:

[13] Comodino; si fa qui un gioco con la parola Komödie, commedia (*n.d.T.*).

Paura di morire e disturbi circolatori,
fretta, caccia, lotta e cupidigia.
Quel che è stabile, è la valuta.
Quel che è instabile, siamo noi.
Fa' ballare i pupazzi più in fretta,
senza obiettivo nell'ingranaggio,
portati in alto dalle dissonanze,
senza fede,
senza speranza,
senza amore...[14]

Tanto impietosamente e acutamente un cabaret di sinistra, che non è proprio uguale a una conferenza episcopale, analizza la situazione dell'uomo moderno. La «Süddeutsche Zeitung» ha scritto nell'amata rubrica *in/out* quale sia la scala di priorità del presente: "in" sono il successo, la carriera e la bellezza, "out" la fede, la speranza e l'amore...

Tuttavia, da tutto questo, percepisco cose completamente diverse dalle neomarxiste grida di trionfo di un Günther Grass, che trent'anni fa ancora annunciava orgogliosamente: «La fede, la speranza, l'amore sono la merce invenduta del Nuovo Testamento». No, questa triade del più grande intellettuale dell'antichità, che con questo ha portato il suo messaggio di libertà fino al continente europeo, questa triade dell'apostolo Paolo, è tutt'altra cosa dalla proverbiale "neve di ieri". Oppure no. Perché la neve di ieri è l'acqua di domani.

E oggi notiamo più che mai che le radici che ci davano energia le abbiamo già tagliate da soli, gettando nel baule dei vestiti vecchi del passato il mes-

[14] La traduzione annulla inevitabilmente la rima dell'originale (*n.d.T.*).

saggio per il futuro, essenziale per sopravvivere, che comprende la fede, la speranza, l'amore (1 Corinzi, 13).

Quel che è stabile, è la valuta... Già il più grande tra i presidenti federali, Karl Carstens, sostenne alla fine del suo incarico: «Questo è il più grande problema della nostra società, che siamo ricchi nel portafoglio, ma poveri nel cuore». Allora si poté, in maniera miope, liquidare queste parole come l'indulgere di un vecchio al sentimentalismo. Ma in realtà non era altro che una chiarissima profezia, che così è arrivata, messa in versi e cantata dal «Düsseldorfer Kommödchen».

Senza obiettivo nell'ingranaggio... non abbiamo più obiettivi davanti agli occhi, e dunque abbiamo perso la direzione. E, inermi, ci consoliamo con la frase sempliciotta che l'obiettivo equivale alla strada stessa. Chi inizi un viaggio con questa massima, non arriverà da nessuna parte. Di certo nessuno va alla biglietteria della stazione a chiedere un biglietto da cinque euro senza dire per dove. Eppure, l'odierna «generazione Golf» (Florian Illies) ha fatto suo lo slogan pubblicitario di un'azienda di strumenti di navigazione: «La ricerca dell'obiettivo è stata superata».

Marc Twain ha descritto in maniera molto appropriata ciò che contraddistingue oggi il nostro tempo senza giudizio e senza pace: «Se perdiamo di vista l'obiettivo i nostri sforzi raddoppiano». Del grande comico di Monaco Karl Valentin si tramanda l'oscura domanda che egli era solito rivolgere alle persone che andavano a passeggio: «Ah, per favore, forse potrebbe dirmi dove voglio andare?». Nella grande follia di progresso del nostro tempo, alla fine dobbiamo pur fermarci a riflettere e chiederci fino a che punto vogliamo ancora progredire. Andiamo avanti senza conoscere l'obiettivo. Cosa principale, stare in movimento. E alla massima velocità possibile. E tuttavia, privi di bussola, rischiamo di prendere la strada sbagliata.

Marie von Ebner-Eschenbach, la letterata dell'empatia sociale, ha scritto questi versi: «La frettolosa nave arriva attraverso i flutti quasi volasse sul vento della tempesta. Di giubilo risuonano l'albero e la chiglia: ci avviciniamo all'obiettivo! Ma il timoniere alla barra dice piano e tristemente: Veleggiamo in cerchio!».

L'attuale agitazione febbrile dei pragmatici, con i loro miopi e affannati tentativi di riforma, maschera solo in apparenza la generale mancanza di obiettivi e la loro confusione. In questa misura è logico e amaramente necessario che Horst Köhler reclami per l'agire sociale degli obiettivi che siano di lungo termine e trasmissibili, facendo contemporaneamente riferimento ai fondamenti cristiani dei propri valori. Due facce della stessa medaglia.

SENZA FEDE, SENZA SPERANZA, SENZA AMORE

Senza fede, manca un fondamento, un legame che unifichi, e che ci tenga insieme nonostante tutte le differenze. Non conta che si sia uomo o donna, giovane o vecchio, di città o di campagna, di buoni o cattivi mezzi e cultura, elettori della CDU o dei Verdi... abbiamo bisogno di qualcosa che, al di là delle differenze, crei qualcosa di comune, di collettivo. Per questo prendo decisamente posizione contro ogni politicizzazione in senso partitico della Chiesa. Ciascuno ha il diritto di ascoltare il Vangelo e non le private opinioni politiche di funzionari ecclesiastici. Tali pastori dovrebbero onestamente farsi eleggere in Parlamento, invece di farsi ordinare all'ufficio del predicatore. Questa "teologia dei banchi di chiesa vuoti", primitiva e politica, è una dichiarazione di fallimento della forza che fonda il senso del Vangelo.

Già i padri e le madri della nostra Legge fondamentale erano consapevoli che la Costituzione, cioè il vincolo che trasforma la Nazione in Stato, può essere conservata soltanto se, al di là dei nudi paragrafi delle leggi, essa possiede anche un riferimento ai valori. Così come ne era consapevole il poeta Joseph von Eichendorf, quando nel 1832, in relazione alla festa di Hambach[15], disse: «Nessuna Costituzione si garantisce da sola». Il nostro Stato vive su premesse che non può creare da solo, ma che invece può garantire attraverso la protezione delle Chiese da parte dello Stato, così il giudice costituzionale Ernst-Wolfgang Böckenförde. E tuttavia, a che serve Dio sulla carta della Costituzione, se non plasma la costituzione degli uomini? Le due cose vanno di pari passo.

Persino il filosofo dell'esistenzialismo Martin Heidegger riconobbe alla fine della sua vita: «Solo un Dio ci può salvare». Proprio lui riesce a esprimere cosa significhi una vita senza fede: «Se Dio è morto come ragione sovrasensibile e come scopo di tutto il reale... allora non resta più nulla cui l'uomo possa aggrapparsi e in base al quale possa orientarsi. Il nichilismo, il più perturbante di tutti gli ospiti, sta davanti alla porta».

Il regista teatrale Nicolas Stemann (classe 1968), uno dei più celebrati giovani talenti, ora al Wiener Burgtheater, deve la sua grandissima fama alla sua messa in scena della *Kätchen von Heilbronn* di Kleist

[15] Festa popolare dei democratici (soprattutto studenti) (*n.d.T.*).

al Deutsches Theater di Berlino. «Con questo dramma ho voluto porre alcune questioni, che oggi sembrano essere fuori moda: la questione della fede, della fiducia, dell'amore. E tuttavia, da tempo è diventato chiaro che una vita senza fede è molto deficitaria» ha detto alla «Welt» (7 maggio 2004, con il titolo *Non c'è vita senza Dio - Star della vita teatrale berlinese ritorna ai vecchi valori umani*). In Stemann abbiamo un regista, scrivono i critici, «che vuole rendere certi valori umani di nuovo riconoscibili e importanti, e lamenta il senso della loro perdita. Si tratta, appunto, della fede, dell'amore e della speranza».

Sì, senza fede siamo poveri. Il giornalista di economia Johannes Gross, purtroppo prematuramente scomparso, ha detto: «Se credo, non ho nulla da perdere. Se non credo, non ho nulla da sperare». E, senza speranza, nessuno può vivere. La speranza appartiene alla vita come il respirare. Se all'uomo si toglie l'ossigeno subentra la morte per soffocamento. Se gli si toglie la speranza subentra quell'affanno che si chiama disperazione. E in quanti volti disperati la si deve vedere al giorno d'oggi! Gli esseri umani senza futuro sono come cadaveri ambulanti nel presente. «Una persona che non ha più speranza, e che ne è cosciente, non ha più nemmeno un futuro» (Albert Camus).

Non si tratta affatto di un problema che riguarda la condizione individuale della nostra anima. Si tratta di qualcosa che ha conseguenze fatali per la nostra società. L'assenza di speranza genera ansia. E l'ansia paralizza l'iniziativa. «Nell'essere umano, la fede è la più grande passione» (Kierkegaard). Ma quando non c'è più nulla in cui credere e in cui sperare non vale più la pena di fare sforzi. Resta solo la fuga nella rassegnazione o nel proprio Io, in un individualismo mortale che danza intorno al proprio Sé dorato.

Questo radicale riferirsi all'Io conduce, secondo lo «Spiegel», alla «atomizzazione, all'assenza di solidarietà, alla caduta dei valori, all'egoismo, al pensare solo in termini di pretese». I consiglieri-dell'-Io riempiono gli scaffali delle librerie.

Vivere senza speranza significa vivere senza obiettivi. Ma una vita senza obiettivi è una vita priva di punti di orientamento. E un uomo senza punti di orientamento non ha appigli. Solo la speranza viva dà forma al presente. Questo genere di speranza fornisce motivazioni. Mette in moto. È motore e impulso che, con il respiro lungo della certezza, spinge a rimanere al lavoro anche là dove tutto appare senza senso.

Il «Düsseldorfer Kommödchen» ha dunque ragione nel definire labile una società senza fede e senza speranza. Soprattutto se le viene a mancare anche l'amore. Dove con «amore» si intende ben più di quello che, dell'amore, se ne è fatto finora. L'amore ha a che fare con la fiducia – e naturalmente anche con la sfiducia – che si sia l'uno per l'altro, che ci si curi e che si resti con l'altro anche in situazioni difficili, e che si condivida l'esistenza. Questo è l'amore che, secondo la Bibbia, non esige ma sostiene. Che si dona, e dunque cresce. Che prende l'altro così com'è, sia come sia. Ma tutto questo contraddice il pensiero sbagliato, in quanto fondato sulle prestazioni, della nostra società maniaca dell'Io.

Senza fiducia di fondo non esiste la fiducia in se stessi. Tali persone non sono in grado di compiere prestazioni né sono capaci di correre rischi, per tacere della capacità di provare passioni. E qui diventa chiaro che valori come la fede, la speranza e l'amore non hanno soltanto conseguenze individuali, bensì sociali.

Tuttavia ci sono sempre più persone che non vogliono più pianificare la loro vita in base a tabelle di calorie e andamento della borsa. Al pessimismo globale (la Germania come campione mondiale del lamento) si aggiunge ora la minaccia personale, esistenziale. Tutti, nella loro cerchia ristretta di conoscenze, conoscono qualcuno che ha perso il lavoro, dal giornalista di grido al banchiere. L'idea che una cosa simile possa accadere a chiunque rende incerta la ben protetta e invidiata generazione post '68, che sognava una crescita illimitata, al sicuro dalla guerra. Minacciose, si pongono adesso le questioni della pensione, della sicurezza sociale e del sistema sanitario. Ora, dopo la sensazione di un'eterna sicurezza, viviamo il ritorno della paura. Le incertezze del mercato del lavoro, la caduta del reddito reale e le fosche previsioni per le pensioni fanno sì «che l'abitudine a una vita leggera, spesa tra consumo e *trip* dell'Io, si scontri infine con i suoi limiti finanziari» – così l'Istituto BAT di Amburgo riassume i risultati di un'indagine dell'agosto 2003. La società del divertimento sarebbe sopravvissuta a se stessa. Ma la vita è qualcosa di più che puro e semplice *wellness*. La fame di porzioni sempre nuove di divertimento televisivo si avvicina alla soglia della sazietà.

Se la società del divertimento rappresenta davvero la "condizione finale della secolarizzazione", e il godimento allegro riempie quei vuoti della personalità dove prima si trovavano i valori – se tutto questo è vero, allora con la ricerca di senso inizia la fine di questo divertimento. Ma la società del divertimento è anche il risultato di uno sviluppo economico, di un'industria del divertimento che cresce fino all'esplosione, che non vuole e non si lascerà semplicemente, e soprattutto volontariamente, riportare indietro. Creare divertimento è un vero affare. E, prima di ogni altra cosa, il divertimento si fa pagare. «Senza il divertimento l'economia mondiale crollerebbe; già per questa ragione esso non può cessare», ammonisce il «Tagesspiel» di Berlino. E tuttavia, a me, la concorrenza tra la funzione religiosa e il bagno di esperienze, tra i sostenitori del senso e i fabbricanti di divertimento sembra ancora completamente aperta. Alle masse che si divertono è sparito il sorriso dalle labbra, perché è ben noto che dal ridere si può anche morire...

La «generazione Golf» (così Florian Illies chiama i suoi coetanei, come lui nati negli anni settanta), che ha ricevuto in regalo tutto ciò che i genitori si sono conquistati con il duro lavoro, si è improvvisamente svegliata l'11 settembre 2001. Svegliata dopo una sonnolenza ovattata, trascorsa sdraiati sull'imbottitura della civiltà. Dopo la leggerezza dell'essere (né di destra né di sinistra, ma divertente) arrivano le angustie professionali. Le prospettive per il futuro si fanno cupe, i piaceri della società del divertimento perdono di sapore, alle leve del potere stanno ancora quegli stessi che avevano iniziato la marcia attraverso le istituzioni nella grigia preistoria. Per la «generazione Golf» i tempi sono tutt'altro che rosei. *Giovane, di successo, licenziato*, titolava lo «Spiegel» (agosto 2002).

Finito, passato! «La ricerca di senso è di nuovo più importante della ricerca di divertimento», dice Horst W. Opaschowski, il più anziano esperto di tendenze della Germania (Istituto di ricerca BAT, Amburgo). «Al vuoto di una visione del mondo caratterizzata dalla superficialità segue la nostalgia dei valori. Dopo l'era delle ideologie, arriva il ritorno alla religione» (Illies).

«C'è una nuova ricerca di religione come sentimento esistenziale, come contrappeso per il crollo delle regole vincolanti e delle norme morali. L'assenza di norme è anche espressione dell'assenza di Dio», scrive ancora il sociologo Opaschowski.

RIPRENDETEVI DIO!

Quando, in occasione del *Forum 2000*, tenutosi a Praga, personalità in vista di tutto il mondo iniziarono a discutere di questioni che riguardano il futuro, l'allora presidente della Repubblica Ceca, Václav Havel, dichiarò: «Anche la crescente assenza di Dio è responsabile dell'attuale crisi globale». Particolarmente drammatica è poi «la mancanza mondiale di responsabilità» che ne risulta. La morale viene privatizzata, i criteri sociali e gli orientamenti di senso comune vanno perduti. Come risultato, resta la perdita della qualità sociale della vita.

Mettiamoci davanti allo specchio: i locali e i cinema sono più pieni delle chiese. L'amore del prossimo soffre di magrezza patologica. I ministri non giurano a Dio. Il vitello d'oro è più popolare dei Dieci comandamenti. Non la religione e la fede, bensì la scienza e il progresso, il consumo e il commercio sono le più potenti forze trainanti della storia. Eppure anche Goethe fece un'analisi tagliente: «Tutte le epoche in cui la miscredenza riporta una misera vittoria scompaiono di fronte ai posteri, perché nessuno ama amareggiarsi con il riconoscimento della sterilità».

Per questo l'appello di Alexander Solženicyn del giugno 1991: «Riportate Dio nella politica!» divenne il titolo di copertina della «Welt». Il poeta e pensatore russo, dissidente e premio Nobel aveva vissuto sulla propria pelle e nel proprio paese le cupe profezie dello scrittore suo connazionale Dostoevskij: «Un popolo senza legame con Dio va in rovina. Se Dio non esistesse, tutto sarebbe permesso». Paghiamo duramente ciò che il matematico e filosofo Blaise Pascal sosteneva già nel XVII secolo: «Abbandonare il centro significa abbandonare l'umano». L'umano senza il divino porta al bestiale. L'eliminazione di Dio non conduce al vuoto: «Gli altari abbandonati vengono occupati dai demoni» (Ernst Jünger). Il trono è vuoto, ma tutti vogliono salirci sopra.

Nella terrificante epoca nazista, il superuomo ariano aveva reso se stesso un Dio. Sappiamo bene com'è andata a finire. Nel maggio 1936, la direzione provvisoria della Chiesa evangelica scrisse a Hitler: «Il nostro popolo minaccia di infrangere i limiti posti da Dio: esso vuole fare di sé misura di tutte le cose. Questa è presunzione umana che si rivolta contro Dio». Una cosa del genere non deve mai più ripetersi!

Il filosofo cattolico della religione Romano Guardini, a proposito dell'etica scientifica, ci chiede con tono tra il preoccupato e l'ironico: «Dopo la tecnica, l'uomo ricrescerà?». L'ammissione di Novalis oggi si è trasformata nel suo contrario: «Un passo avanti nella tecnica richiede tre passi avanti nell'Etica».

In che misura, invece, siamo rimasti indietro lo dimostra il dibattito sulla tutela della vita e sulla bioetica. Come se non ci fossero criteri né morali né sociali, tutte le questioni vengono sacrificate al più puro utilitarismo. E invece è proprio qui che la questione di Dio e della fede rivela il vero e proprio stadio di progresso dell'umanità. Una dimostrazione della sua rilevanza sociale è l'alto prezzo che paghiamo per la sua perdita.

La distinzione più importante che la fede fa è in particolare quella tra l'essere umano e Dio. Quando la fede parla di Dio, essa intende il Creatore. E con ciò indica all'uomo il suo posto: quello di essere-creato. Ciò ha un'importanza fondamentale per tutti i riferimenti sociali. Se la fede colloca l'essere umano all'interno di un rapporto, essa impedisce che l'uomo diventi misura di tutte le cose. Il fatto che questo sia tutt'altro che un filosofare teorico e che dunque tratti di tutto o di nulla, è dimostrato dall'attuale discussione sulla nuova definizione del concetto di dignità umana con il fatale costrutto di una «dignità umana differenziata». Con ciò, il valore protetto dalla Legge fondamentale viene messo sempre più spesso in relazione con la libertà, la capacità di agire, la consapevolezza o la giovinezza. Se questi criteri non sono più soddisfatti, dal parlare di «vita degna di un essere umano», si passa molto in fretta a parlare di «morte degna di un essere umano».

Dove ciò porti lo sperimentiamo a fior di pelle nella vicina Olanda: mentre noi, in Germania, ancora cerchiamo di ottenere le disposizioni direttamente dai pazienti, gli olandesi distribuiscono una «dichiarazione notarile riguardante la propria volontà di morte». Già tre anni dopo la tanto osannata legge liberale sull'aiuto alla morte, si sono drammaticamente avverati i peggiori timori dei conservatori: un numero sempre più alto di persone anziane muore per mano di un medico non per suo stesso desiderio, bensì per quello dei parenti (ed eredi!). L'obbligo di denuncia viene semplicemente ignorato, e i criteri dell'eutanasia vengono interpretati generosamente. In questo clima non può meravigliare il fatto che i concetti assolutamente imprecisati di «sofferenza intollerabile e priva di via d'uscita» possano nel frattempo anche servire a giustificare l'uccisione di un paziente di Alzheimer in uno stadio iniziale (!) della malattia. Per quanto possa suonare macabro: in Olanda non si è più sicuri della propria stessa vita. E ciò vale per qualsiasi legislazione in cui l'essere umano diventa misura di tutte le cose.

«Riportate Dio nella politica» – significa dunque questo: ritrovate la misura. Quel criterio di misura sul quale tutto deve potersi giudicare. Giacché, se Dio deve arretrare e l'essere umano prendere il primo posto, la conseguenza è il fanatismo, l'estremismo. Il fondamentalismo ateo è il più grande pericolo per la nostra società. Sotto il segno meno dell'assenza di Dio, tutto deraglia su un falso binario. Ovunque nel mondo l'essere umano non sa più di essere al massimo il secondo, lì avverrà presto una catastrofe.

Il filosofo Max Scheler definisce una «metafisica sciocchezza» il credere che l'uomo possa fare tutto da solo e non abbia bisogno di Dio.

Cristo o il Caos – questa era la provocatoria ma tagliente tesi dei cristiani illuminati dopo la seconda guerra mondiale e la barbarica dittatura nazista. Valga come esempio Wilhelm Busch, con il suo bestseller, oggi ancora attuale, *Gesù nostro destino*. Vale a dire che non si può lasciar giacere a sinistra colui che invece siede a destra del Padre. E chi è capace di inginocchiarsi davanti a Dio è anche capace di rimanere in piedi davanti agli uomini. Senza religione non esiste nessuna etica.

Non potrò navigare a vela seguendo segnali di orientamento che io stesso avrò inchiodato sulla prua della mia nave. L'ultima centratura che vale la pena di seguire con la precisione di una bussola può trovarsi solo al di fuori di me stesso. I coraggiosi cristiani della Chiesa professante durante il Terzo Reich avevano un motto: «Teneo quia teneor» – resto saldo perché qualcuno mi sostiene.

IL GOLGOTA NON È UN DENTIFRICIO

Ma la Germania che emerge dallo studio *Pisa* ha disimparato tutto questo. Il mucchio di frantumi dei ribelli in ritirata del '68 impedisce la vista su un progresso che incoraggi la vita. Di pari passo con la società del divertimento vanno anche lo stato di emergenza dell'istruzione e l'assenza di cultura. Se prima si diceva: «sapere è potere», oggi pensiamo invece: «non sapere nulla, non fare nulla!».

Esemplari sono i programmi a quiz in televisione, le vendite a rate di Günther Jauch o di Jörg Pilawa. Qui ci viene sbattuta in faccia la pura e dura catastrofe educativa della nostra società della superficialità, che rifugge dalla profondità e che ha da lungo tempo perduto le sue radici. «Ho problemi con persone che prendono Franz Kafka per l'inventore di Fix e Foxi», dice Jauch.

Per tacere poi delle domande sulla Bibbia, il documento fondamentale della nostra cultura, la base dei valori europei. Qui, a fronte di un assoluto non-sapere, vengono messe in gioco migliaia di euro in termini di vincite. Il padre di Caino e Abele? Nessuna idea! Da dove viene il termine "capro espiatorio"? Mai sentito! E quando a dieci candidati è stato dato il compito di mettere nel giusto ordine righe sparse del *Padre nostro*, nessuno ci è riuscito, dico nessuno. Cosa si potrà mai riuscire a fare di una generazione che ritiene che il Golgota sia davvero una marca di dentifricio...

Eppure, non appena sono presenti i bambini, piombano di colpo sul tavolo le autentiche domande esistenziali. Inoltre: anche una ragione per cui la nostra superficiale società del divertimento prospera al meglio nella cosiddetta "cultura *single*", nella quale si prende in esame la cupa questione della morte solo quando la vita è già passata... Nel titolo dello «Spiegel» sul tema *I nuovi valori* (luglio 2003) si diceva: «In cerchie fidate, i genitori ammettono persino di aver reintrodotto la preghiera serale, ma che nel farlo si sentono ugualmente inermi e spaesati come nei cori di canti popolari – essi stessi infatti non sono cresciuti né con le une né con gli altri». Ugualmente sconcertati sono anche i miei colleghi quando devono rispondere a domande dei loro bambini su Dio e le preghiere, sul cielo e sul Redentore.

Per decenni abbiamo dovuto mandare giù il fatto che, sulla famiglia, non si facesse altro che parlare negativamente, imprecare e scherzare. Ora è arrivato il conto. Perché la famiglia è il primo e il più importante luogo in cui vengono trasmessi i valori. Qui vengono poste le fondamenta sulle quali l'essere umano potrà poi costruire tutta la sua vita – oppure no. Affidare i figli a se stessi o ad altri viene giudicato un progresso solo da chi ha una cattiva coscienza.

Bersagli preferiti dello scherno ideologico sono e sono state quelle madri che osano dichiararsi come "soltanto casalinghe". Donne che, in quel compito inimmaginabile, sembrano comunque trovare una soddisfazione nel curare i bambini e nell'occuparsi della famiglia, ma che vengono viste come latentemente asociali. Per queste miserande contemporanee si è sempre avuto pronto lo stereotipo delle tre K: *Kinder*, *Kü-*

che, *Kirche*, vale a dire bambini, cucina, chiesa. Ma «gli stereotipi non sono altro che ruote di sostegno per i piccoli pensatori che vogliono parlare in grande. Essi sono il terrore dei mediocri» (Oscar Wilde).

La responsabilità principale per la fondamentale crisi di senso, per lo stato d'animo disastroso della più giovane generazione, non è delle scuole né dei media; tale responsabilità è e resta all'interno della famiglia. «Oggi tanti giovani stanno per la strada perché sentono la mancanza dell'amore e della felicità familiari. Hanno fame d'amore, ma sono lasciati a se stessi perché i loro genitori sono troppo occupati» (Madre Teresa). La famiglia non è solo il luogo delle prescrizioni, ma anche quello dei modelli. Qui vengono vissuti i valori – oppure no.

In modo un po' antiquato ma assolutamente attuale così vengono descritti i compiti della famiglia nell'«Hannoversches Magazin» del 1786: «reciproca considerazione, educazione, interesse l'uno per l'altro, sopportazione, autocontrollo, in breve: il compito di ingentilirsi e perfezionarsi costantemente sia collettivamente che scambievolmente». "Ingentilire" significa nel tedesco dei giardinieri "coltivare". La cultura dunque cresce a partire dall'interno della famiglia – oppure no. «La cultura è il terreno che ciascuno eredita e che deve continuamente coltivare» (Karl Jaspers).

Non c'è da meravigliarsi che, dall'attuale mancanza di cultura, cresca la nostalgia per la famiglia. Gli studiosi di tendenze osservano nei giovani un cambiamento di direzione. La convinzione – secondo l'Istituto BAT – che «anche senza matrimonio, né bambini né famiglia si possa essere felici, trova sempre meno adesione». La tendenza all'individualizzazione sembra aver oltrepassato lo Zenit.

Persino le riviste illustrate inneggiano ai «vecchi valori, riscoperti»: la famiglia invece della vita da *single*, il risparmio invece dello shopping, l'amicizia invece dell'egoismo... Ci rendiamo conto che in fin dei conti la famiglia è l'istituzione più importante per la trasmissione dei valori. Comportarci in modo sensibile ai valori con le persone che amiamo è la miglior ricetta contro la caduta dei valori stessi. «L'educazione si fa con gli esempi e con l'amore» (J.H. Pestalozzi).

ESEMPI INVECE CHE ORDINI

Puntare il dito contro la cattiva cultura del divertimento non serve a niente. E le prescrizioni contro la sfrenata voglia di banalità ancora meno. In ultima analisi conta solo una cosa, che possiamo trasmettere alla prossima generazione: l'esempio. E ancora ci meravigliamo che i giovani trovino, ad esempio, la considerazione per l'altro e la responsabilità *uncool*, fuori moda? Nel corso di un sondaggio, la maggior parte dei quattordicenni-sedicenni hanno dichiarato di trovare la considerazione dell'altro estremamente stressante. Dove saranno dunque di esempio nella nostra società l'attenzione per l'altro e la responsabilità? Eppure, tutti vogliono essere *cool*, alla moda: politici in abiti firmati negli show televisivi, avidi scalatori sociali con pensioni d'oro, giovani pazzi e morbosi nella pubblicità, scialbo intrattenimento nei media. «Quanto più banale, tanto migliore la collocazione nel palinsesto e tanto più alto lo *share*» (Roman Herzog).

Alla fine del XX secolo, la società del divertimento è entrata a pieno titolo nei media, influenzando la percezione di se stessi e del mondo. Stracci di marca, droghe alla moda, mercato delle migliaia di trasmissioni disimpegnate da *Ballermann 6* al *Grande Fratello*, format TV nei quali la risata senza senso va per la maggiore e l'ironia diventa un mezzo per fare ascolto. L'esempio è dato dallo schermo televisivo. «Il divertimento è un bagno di acciaio. L'industria dell'intrattenimento lo prescrive incessantemente», come Horkheimer e Adorno già affermarono alcuni decenni fa.

«Le droghe alla moda sono comprese in tutto questo così come le *love and street parades*» («Neue Zürcher Zeitung»). Quando si condanna la fuga nella dipendenza come ultima ancora di salvataggio dei nostri giovani rovinati dal divertimento, si punta il dito contro noi adulti: abbiamo tutti come modello la società del divertimento. Per questo siamo responsabili nei confronti dei nostri figli.

Di esempio e amore parla Pestalozzi, il padre fondatore della pedagogia. Mi torna in mente un'intervista con Julian Lennon apparsa sul «Daily Telegraph» in cui se la prende con il padre, l'ex beatle John Lennon. Lo accusa di ipocrisia, perché si è occupato pochissimo della sua famiglia. «Papà cantava in pubblico di amore sulla terra e di pace nel mondo, ma a suo figlio non è mai riuscito a trasmettere questi sentimenti», così parla il giovane, nel frattempo trentacinquenne. Mi ricordo del banchiere assassinato Alfred Herrhausen e del suo motto: «Quel che pensiamo dobbiamo anche dirlo. Quel che diciamo dobbiamo anche farlo. E quel che facciamo dobbiamo anche esserlo».

Che cosa trasmettiamo ai nostri figli? Molti genitori non si azzardano più a dare assertivamente come esempio dei valori essenziali. Così facendo si collocano in pieno nella tendenza attuale. Ma, improvvisamente, eccoli di nuovo, i buoni, vecchi valori. Riscoperti dai giovani. «Una reazione ai tempi incerti. Per questo si cerca un appiglio sicuro, e lo si trova nelle tradizioni», così il sociologo Klaus Hurrelmann.

ANGELI GIALLI INVECE DEL PERSONALE DI TERRA DI DIO

Buon per chi ancora riesce a incontrare queste tradizioni. I valori chiedono che li si sperimenti non come semplici parole, ma come un vero e proprio incontro. Per la maggior parte dei tedeschi, le Chiese come istituzioni non hanno più alcun significato. Secondo il più grande sondaggio via Internet finora svolto in Germania (promosso insieme dal canale TV ZDF, da «Stern», t-online e McKinsey e riguardante un campione di 356.000 cittadini tedeschi) solo il 39% viene definito come religioso. Alla domanda in chi abbiano più fiducia è stata data la sconvolgente risposta: negli angeli gialli dell'ADAC[16]. Al personale di terra di Dio, le Chiese, dà fiducia solo un magro 14%. Un alto prezzo per l'impietosa autosecolarizzazione e automarginalizzazione delle Chiese degli ultimi decenni.

«In un solo paese del mondo la Chiesa [alla domanda sulla loro considerazione] non viene posta in una posizione rilevante, in un solo paese essa occupa l'ultimo posto: in Germania... Fino a che punto deve arrivare questa preoccupazione della Chiesa – in quella evangelica ormai quasi trasformatasi in vero e proprio folklore – di "venire a patti" con il mondo,

[16] Automobil Club Tedesco, il cui personale è vestito di giallo (*n.d.T.*).

anche a costo della sua stessa irriconoscibilità? Forse solo quando le due Chiese, in Germania, si saranno messe d'accordo anche con gli ultimi gruppi sociali marginali, si renderanno conto di essere diventate esse stesse marginali» (Florian Illies nella «Frankfurter Allgemeine Zeitung»).

Per me, il dato di fatto che sempre meno persone pongono le loro domande esistenziali alle Chiese è una delle sfide più grandi del nostro tempo. Non perché la fede è in un certo senso antiquata, e le questioni che riguardano Dio appaiono fuori moda. Al contrario: ovunque regnano la fedeltà alla Bibbia e la gioia in Cristo invece del multiculturalismo e della politica del giorno, le funzioni religiose si riempiono e fiorisce il lavoro giovanile. Solo i cristiani decisi si attendono risposte decisive. Dove tutto è possibile, ben presto ci si rende impossibili a se stessi. Martin Lutero ha detto, appunto, che si deve guardare il popolo in faccia. Che si parli in modo da far piacere alla gente, non lo ha preteso da nessuna parte.

Eppure neanche questo, ascoltare e rispondere ai bisogni dell'uomo moderno, riesce alla Chiesa. Con le loro chiacchiere pseudoscientifiche, i funzionari di più alto grado si privano delle ultime possibilità missionarie di raggiungere gli esseri umani in maniera credibile, di far loro coraggio e dire parole che indichino la via. È accaduto alla "drupa" di Hannover, la più grande fiera mondiale della carta e dei macchinari per la stampa. In quella circostanza, una decana[17] disse la messa, e subito ruppe l'incantesimo del testo della predica, letto ad alta voce, dicendo al pubblico

[17] Traduciamo con "decana" l'intraducibile "Superintendentin", alta funzionaria della Chiesa protestante, capo di un Distretto ecclesiastico (*n.d.T.*).

allibito che solo la prima e l'ultima parte erano veramente di Gesù, mentre la parte centrale era stata aggiunta in seguito. Di certo era proprio questo che, quella mattina, interessava da morire alla gente... E comunque l'atteggiamento di aspettativa riguardo al personale di terra di Dio è fortunatamente così limitato, che si presentarono solo quattro (!) fedeli, mentre fuori dalla sala di preghiera dei musulmani, nello spazio della fiera, si era intanto formata una lunga fila.

Oggi non si cerca un unico pentolone multireligioso, ma una chiarezza cristiana. Non ghiottonerie religiose, ma biblico pane di vita. Le nostre Chiese hanno bisogno di concentrarsi sul loro affare essenziale, cioè un reale orgoglio del loro prodotto, per essere in grado di rimanere importanti e prive di concorrenza nel vasto mercato delle offerte di senso. Non dobbiamo fare essenzialmente di più, ma fare qualcosa di più essenziale. «Dobbiamo mettere tutte le nostre attività sul banco di prova e pensare a cosa possiamo fare contro la fondamentale miseria dell'oblio di Dio» (cardinale Karl Lehmann).

Con il crollo di colonne culturali quali la Chiesa e la famiglia, la nostra società ha permesso che tradizioni e legami venissero portati via come sabbia dal vento della storia mondiale. Ma sulle dune sperdute dello spirito del tempo non si trovano né stabili appigli né orientamenti di senso. E questo non vale solo per l'ambito personale e la vita privata.

Ora la perdita di identità nazionale e la scarsa volontà di futuro iniziano a vendicarsi. È già quasi una barzelletta che di patriottismo si parli solo e soltanto quando Schumacher, Becker & Co. fuggono all'estero a causa delle tasse. Contro ogni *political correctness* la carta patriottica viene tirata fuori improvvisamente dai rosso-verdi solo quando un imprenditore annuncia di voler emigrare all'estero, prima di diventare in patria un evasore di tasse e di contributi sociali, che manderebbero all'aria la sua azienda e i suoi posti di lavoro.

LA LINGUA LO DICE

Quali valori qui da noi siano già andati perduti anche nell'ambito economico, lo rivela il linguaggio. La lingua è senza ombra di dubbio un'immagine riflessa dello spirito del tempo, vale a dire uno strumento per la sua trasformazione. La Rivoluzione culturale cinese non sarebbe stata possibile in altro modo. Da noi è sotto gli occhi di tutti il linguaggio della politica e della pubblicità che (senza dimenticare la svalorizzazione della lingua stessa) la dice davvero lunga.

Qualsiasi prodotto può essere venduto con successo se è accompagnato da un buono slogan pubblicitario che, se necessario, usi artisticamente nuove coniazioni di parole, o quell'abborracciamento linguistico di nome *Denglisch* (mescolanza priva di senso di parole tedesche e inglesi). Nell'ambito politico, torna sempre in mente l'esempio di Ludwig Erhard. Il secondo cancelliere federale e padre del miracolo economico una volta perdette le elezioni nella Renania del Nord-Westfalia solo per aver criticato le innominabili discariche di carbone. Uno dei suoi successori fece una cosa più intelligente: Helmut Schmidt le definì semplicemente riserve di energia, ed ebbe il popolo dalla sua parte...

Chi chiede ancora i contenuti, quando è il sentimento (della lingua) a dare il tono?

Ad esempio, il valore del ringraziare non è ormai più di moda. Chi dice ancora grazie, in una società in cui tutti credono di dovere tutto solo a se stessi? L'ultimo grazie, quello per la festa della mamma, è stato nel frattempo delegato all'Interflora. E alcuni uomini si siedono da cinquant'anni alla tavola apparecchiata, senza mai aver detto un solo grazie.

La scarsa riconoscenza è, osservata alla radice, un segno della crescente miscredenza. Chi elimina Dio non ha più nessun indirizzo cui inviare l'ultimo grazie. Chi si è liberato di colui che ci ha donato tutto, sentirà se stesso come un creatore e si comporterà di conseguenza. Si prende, appunto, solo quello che ci compete e ciò che si è fatto da soli. La tradizione popolare dice bene: il mondo è ingrato. Di una gelida società-dell'-Io, che non conosce più il grazie, si può solo avere paura. Non c'è da meravigliarsi che, tradizionalmente, il comparativo di paura sia "paura da miscredente".

Vale davvero la pena di fare attenzione alla lingua e al suo uso. Sintomaticamente: nel mio paese di origine, in Westfalia, le grandi e chiassose feste popolari si fanno dopo il raccolto. L'ovvia parola «festa di ringraziamento per il raccolto» nel frattempo, sui cartelloni pubblicitari, si è ridotta a una semplice «festa per il raccolto».

SERVIZIO SENZA PRESTAZIONE

Chi parla ancora, oggi, del servire? Di certo non vogliamo più servire, ma solo comandare, avere potere, emanciparci.

È indicativa l'intervista con un'attrice televisiva che si era ritirata da una soap opera di medici, e che ora è tornata a recitarvi: «Lo faccio perché la serie è completamente cambiata. L'infermiera non è più la donna servizievole che si sacrifica, ora è consapevole di sé». E ciò vale come sinonimo di subordinazione e di mancanza di indipendenza.

Completamente in controtendenza, si vogliono creare posti di lavoro con prestazioni di servizio – e mi meraviglia il fatto che ciò non funzioni. Da noi, in ogni caso. In Olanda, in Scandinavia, negli Stati Uniti è una cosa che riesce straordinariamente bene e che procura un lavoro a centinaia di migliaia di persone. In America chi al supermercato (non solo nei negozi specializzati!) si riempie la busta da solo, distrugge un posto di lavoro. E naturalmente le buste vengono anche caricate nelle auto. Anche questo è un posto di lavoro. Lo stesso vale per quanto riguarda la pulizia delle scarpe, di notte, negli alberghi. Provate, in Germania, a mettere fuori della porta le vostre scarpe e... la mattina dopo saranno sparite.

Negli Stati Uniti lo shopping è un vero e proprio evento. Anche nei grandi magazzini, dove non solo si viene accolti da una commessa con un radioso sorriso sulle labbra (meglio un sorriso "pagato" che non il solito muso lungo tedesco dovuto al basso salario), ma la stessa è disposta a spiegare tranquillamente una lunga serie di camicie per la prova, per poi ripiegarle accuratamente spillo dopo spillo.

Come cliente non solo mi sento un re, ma vengo anche trattato come se fossi in quel momento l'unica persona presente. Questo fatto ha una ragione, ha qualcosa a che fare con la mentalità, con l'idea stessa del servire. Quando, negli Stati Uniti, un cliente entra in un negozio, il proprietario dice: «Ecco che arriva il mio datore di lavoro!». In Germania, tra chiacchiere e telefonate private, il personale scocciato borbotta: «Ecco che arriva il lavoro!».

Ciò di cui, in Germania, abbiamo bisogno urgente è un cambiamento di mentalità. Non ha alcun senso chiamare "prestazione di servizio" qualcosa che, nel profondo di se stessi, si rifiuta disgustati.

Una prestazione di servizio è realmente tale solo se il servire viene di nuovo legittimato come prestazione e non viene sbeffeggiato con superiorità. I tedeschi, in modo del tutto naturale, si fanno servire solo da stranieri e, in modo particolare, si fanno cogliere gli asparagi dai polacchi e le fragole dagli ucraini. Riusciremo a creare i posti di lavoro che sono urgentemente necessari e che salveranno il nostro sistema sociale solo quando il servire ritornerà a essere un valore riconosciuto. È così che è nato il miracolo dei posti di lavoro negli Stati Uniti. Il calciatore Jürgen Klinsmann – con lui la Germania divenne campione del mondo a Roma nel 1990 – vive dal 1999 in California. Egli racconta: «Chi fa un lavoro a sei dollari l'ora da McDonald o altrove nei servizi, qui in America viene anche rispettato. Non so se una cosa del genere sia possibile anche in Germania».

E Thomas Gottschalk, che vive anche lui in California, dice: «In America non esiste la frase: "qui dovrebbe fare qualcosa lo Stato". In America la gente sa che, se una cosa non la fa da sé, nessuno la aiuterà. In Germania le persone dicono: "Ecco, ora sono disoccupato, dov'è lo Stato?". In America si dice invece: "Ora sono disoccupato, come posso ricominciare a guadagnare?". Negli Stati Uniti non esiste la parola "paga per i giorni di pioggia". I giorni di ferie sono dieci in tutto».

Servire è un'antichissima virtù biblica, la cui sorprendente attualità dovrebbe stimolarci a riscoprire anche altri valori, riportandoli all'interno del nostro agire quotidiano e dunque anche della nostra lingua: audacia, longanimità, umiltà, compassione... La crisi della carica onoraria (e gratuita) è un sintomo tedesco di quella mortale malattia del piacere che ha nome società del divertimento. Se, a coloro che fanno ancora qualcosa gratuitamente e senza costi, si rifiuta l'onore ritraendosi nel proprio confortevole ambito privato, non ci si deve poi lamentare della tipica mentalità tedesca del ripiegamento su se stessi.

UNA DEMOCRAZIA DEGLI SPETTATORI CHE SI FONDA SULL'ARIA CHE TIRA

Lo studioso di tendenze Horst Opaschowski arriva a chiedere l'eliminazione della società del divertimento, altrimenti «andrà perduta la qualità sociale della vita». Il disincanto per quanto riguarda la sfera dei valori avrebbe portato alla perdita dei punti di orientamento vincolanti. La società del divertimento è «una conseguenza dell'aver gettato a mare i dogmi tradizionali». Da ciò deriva una privatizzazione della morale e una perdita dei criteri di valutazione sociale. In che misura sia già andato perduto questo tipo di consenso sociale di fondo è dimostrato dai due mali fondamentali della nostra situazione attuale. Degeneriamo sempre più verso una democrazia degli spettatori e dell'aria che tira.

Spesso mi chiedono se, in quanto "uomo delle notizie", esiste ancora qualcosa che possa impressionarmi. In sostanza, il più delle volte, la maggior parte delle informazioni riguardano terrorismo e morte, guerra e catastrofi. In effetti, io auguro la buonasera, per poi, durante i venti minuti che seguono, dire alla gente che, per quanto riguarda la situazione delle notizie, non si tratta per niente di una buona sera. Nemmeno le previsioni del tempo o le notizie del campionato di calcio nazionale prospettano un raggio di sole.

Eppure, alcune notizie mi hanno sconvolto. All'inizio prendevo le agenzie e le mettevo insieme, ma nel frattempo anch'esse appartengono alla più triste quotidianità. In particolare il fatto che, nel nostro paese del benessere, ah! tanto sociale e comunicativo, ci sono persone che giacciono morte a casa loro per giorni, addirittura per settimane, prima che qualcuno se ne accorga. E questo, non solo in qualche alveare di abitazioni della nostra anonima cultura dei grattacieli. Non si tratta più di fatti isolati.

MEGLIO LA "LINDENSTRASSE" DEL QUARTIERE

Nella nostra indifferente società dei telespettatori, molti hanno perduto la visione da vicino a vantaggio di quel "vedere da lontano" che è poi il guardare la TV[18]. Molti si conoscono meglio nella "Lindenstrasse" che non all'interno del proprio quartiere. E per guardare da lontano/guardare la televisione, intendo anche quel fenomeno tipicamente tedesco di una "visione da lontano" che ha cambiato di senso: quanto più l'oggetto dell'indignazione è lontano, tanto più è intenso e impegnato il nostro intervento. Molti sono scesi in piazza per paesi che, di primo acchito, avrebbero localizzato nel globo terrestre solo a fatica. Guardando la televisione, vale a dire guardando lontano, molti distolgono lo sguardo dai problemi della propria cerchia ristretta, in famiglia, nel vicinato o

[18] *Fernsehen*, guardare la TV, in tedesco è un verbo composto dall'avverbio "fern", lontano, e dal verbo "sehen", vedere. Da qui il gioco di parole, di fatto intraducibile (*n.d.T.*).

sul posto di lavoro. Anche questo è un prezzo della globalizzazione. Ciò che prima era lontano, oggi è vicino. Ma quel che ci era vicino, è invece diventato lontano. Le conseguenze sono concezioni del mondo del tutto mutate. Si sviluppa così una fatale società dell'indifferente osservatore da lontano, vale a dire del telespettatore, che non interviene neppure in caso di violenza o di teppismo, al massimo arriva a chiamare la polizia. L'ex direttore della ZDF[19], Dieter Stolte, ha preso come esempio il 1° maggio 2001 a Berlino-Kreuzberg: «In alto, sui balconi, gli abitanti hanno vissuto in allegra tranquillità lo spettacolo di ogni anno, quasi fosse un *reality show* al di fuori della TV». In quale misura, chiede, noi giornalisti possiamo contribuire a eliminare l'assenza politica e sociale di orientamenti e di criteri?

È del premio nobel Madre Teresa: «Il peggio non sono la peste e il colera. Il peggio è non essere amati e considerati da nessuno». Alla domanda preferita del questionario: «Che cosa avete sempre desiderato da bambini, e non avete mai avuto?» – il cantante e moderatore Björn Casapietra ha risposto poche e chiare parole: «Dei genitori presenti». In uno dei suoi drammi, il filosofo esistenzialista e ateo Jean Paul Sartre ha rappresentato l'ultimo percorso dei condannati a morte. Uno dice: «Vorrei tanto non essere stato superfluo almeno per qualcuno». Molti, in specie i giovani, oggi si sentono superflui e non utilizzati. E molti, purtroppo, si rendono superflui da soli, ritirandosi nella loro sfera privata.

Non solo: la crisi, densa di conseguenze, delle cariche onorarie rende spaventosamente chiaro il fatto che sempre più persone si sono ritirate sulla tribuna

[19] Seconda rete televisiva nazionale (*n.d.T.*).

e osservano dalla distanza del loro comodo posto quei pochi che ancora si sfiniscono sul terreno di gioco. E che, perlopiù, sono gli stessi che si impegnano nella politica e nella società, nell'economia e nella Chiesa, nei consigli dei genitori, nelle associazioni sportive, nel consiglio di fabbrica, o nelle associazioni dei datori di lavoro. In alcune regioni, ad esempio nel Brandeburgo, sono in pericolo persino le elezioni comunali perché, a norma di Costituzione, non ci sono sufficienti candidati. Eppure, la politica non è altro che servizio all'uomo, per questo i ministri si chiamano ministri (latino: servitori). Ma chi è ancora disposto a servire? «Molti giovani imparano a scuola i diritti fondamentali, ma dei doveri di ogni uomo e della sua responsabilità si parla ben raramente» (Helmut Schmidt).

Dal momento che abbiamo messo tutto ben in ordine, siedono sulla tribuna perlopiù gli arbitri, che la sanno lunga e già dicono a quelli di sotto che gioco stupido stanno facendo, e come andrebbe se si comportassero diversamente. In ordine, come nel calcio: se la Nazionale diventa vice campione del mondo, allora siamo noi. Ma se il rigore di Völler va fuori nell'eliminatoria, è Rudi che deve andarsene. In questo modo abbiamo ordinato la nostra società tutta intera, e poi ci meravigliamo del fatto che più nessuno vuole assumersi delle responsabilità. La penosa ricerca di un allenatore per la nostra Nazionale, espulsa così presto dall'EM in Portogallo, ne è un esempio lampante. Quasi che, per questi esperti superpagati, assumersi la responsabilità del calcio della nazione tedesca fosse un oltraggio.

Ciò di cui abbiamo bisogno non sono gli arbitri, ma gli attaccanti. Uomini che si mettano in gioco, che si rimbocchino le maniche e si diano da fare.

Abbiamo bisogno di portatori di speranza, non di portatori di preoccupazioni. Gente con capacità di visione e di prospettive. Gente su cui contare e di cui fidarsi. Non ci serve chi desti paura e panico, né ci servono i disfattisti; ci serve chi ci faccia coraggio. Questo paese ha sufficienti figure, ciò che manca sono i creatori.

E questi sono, tra l'altro, anche gli uomini che aveva in mente uno dei due padri fondatori della Volksbank, Friedrich Wilhelm Raiffeisen, alla fine del XIX secolo, quando proponeva una nuova lotta al posto del solito "meccanismo dei partiti": «Una lotta alla pari, dove vince chi riporta più vittorie nell'amore del prossimo». Da queste radici cristiano-pietistiche è nato il geniale movimento delle cooperative di credito agrario.

TRA MUCCA PAZZA E PESTE SUINA

I demoscopi nel frattempo non parlano già più di una «democrazia basata sull'aria che tira», bensì di una «democrazia dell'eccitazione». Finora il risultato delle elezioni poteva essere previsto con grande precisione fino a sei settimane prima che avessero luogo. Questo perché i cittadini erano fedeli a un certo partito e non se ne lasciavano allontanare facilmente. Se finora, dunque, la campagna elettorale era stata sempre programmata secondo quest'ottica, le elezioni per il Parlamento federale del 2002 furono invece la prima dimostrazione di questa democrazia dell'eccitazione: l'inondazione all'Est e l'imminente guerra in Iraq trasformarono in carta straccia i problemi di politica interna e le previsioni di una vittoria certa della CDU con Edmund Stoiber. La stessa cosa avvenne all'inizio del 2004 con le elezioni ad Amburgo, dove, fino a poche ora prima della chiusura dei seggi, tutto era ancora possibile, da una vittoria dei rosso-verdi fino a quella assoluta (rivelatasi poi azzeccata) della CDU.

La democrazia dell'aria che tira ricerca a folle velocità i suoi temi in costante mutamento. Se si è quasi costretti a imparare ogni anno un nuovo concetto specialistico; allo stesso modo, dodici mesi più tardi, nessuno è più in grado di ricordare quale fosse in sostanza l'oggetto della provocazione. La formaldeide, una sostanza di protezione del legno che si pensa possa provocare il cancro: e allora tutti, pur di sopravvivere, staccano i pannelli dai muri. La diossina: e tutti gli ortolani della domenica rivoltarono la terra delle aiuole e comprarono nuovi strati attivi per sfuggire al sicuro veleno mortale. Nel maggio del 1986, al mercato rionale, tutte le casalinghe, comprando asparagi o fragole, chiedevano quanti *bequerel* contenessero. Con la paura del dopo-Cernobyl, questa parola, fino a quel momento sconosciuta, era diventata di gran moda.

Poi venne la BSE, e il potenziale tedesco di eccitazione arrivò fino a boicottare le vendite. Masse di povere bestie vennero macellate in blocco, e la paura del morbo sterminatore di esseri umani mandò sul lastrico una lunga serie di agricoltori e di macellai. Solo alcuni anni dopo un collega della DPA[20], politicamente non sospetto, poté scrivere nero su bianco quel che le statistiche ragionevoli sapevano da sempre, ma non osavano dire: dal punto di vista meramente statistico, sono morti in incidenti stradali più

[20] Deutsche Presse Agentur, agenzia stampa tedesca (*n.d.T.*).

autisti impegnati nella rimozione dei bovini macellati che non mai cittadini tedeschi di BSE. E certo la cosa più sorprendente è che, malgrado la peste dei maiali e l'aviaria, malgrado la mucca pazza e l'afta epizootica, malgrado i vermi nei pesci, gli ormoni nei vitelli e le uova di salmonella nella pasta, noi tutti continuiamo a essere vivi...

Eppure, chi vuol più stare a sentire ragionevoli argomentazioni di affidabili scienziati, se è l'aria che tira a dare il tono? Un esempio tipico fu l'acceso dibattito sull'influenza aviaria, all'inizio del 2004. I media furono addirittura grati del fatto che, presso l'Istituto di malattie tropicali di Amburgo, fosse stato trovato se non altro un unico paziente tedesco sospetto di poter – forse – avere, benché nel senso più ampio e più lontano, almeno un pochino a che vedere con questo morbo spaventoso. Almeno un infinitesimale sospetto, da poter custodire e curare, per non lasciare che questo tema di eccitazione se ne migrasse del tutto indisturbato e privo di risonanza verso l'Asia.

Uno scenario di terrore e di orrore attraversò il paese. Perché, dove i fatti restano aridi, germoglia la speculazione. Dove regna l'incertezza, esplode l'isteria. I segnali di cessato allarme di tutti gli scienziati furono parole al vento, e il successo dei titoli allarmistici a caratteri cubitali non poté più essere arrestato. Uno dei più importanti microbiologi, in un'intervista televisiva, cercò disperatamente di spingere i tedeschi ad aver fiducia nelle affidabili scienze naturali invece che nelle stridule e variopinte storie da boulevard... Eppure, chi è disposto a farsi rovinare una bella atmosfera catastrofica da prove fastidiose?

«Cinquant'anni dopo il miracolo economico i tedeschi restano campioni del mondo solo nelle lamentazioni. Perché?», chiede la «Welt am Sonntag». Che cosa ci sta succedendo? Un tempo eravamo un paese sfavillante, pieno di fiducia in sé, di speranza e di dinamismo. Ora, nel momento di una crisi che, confrontata con i problemi del dopoguerra, appare del tutto innocua, la Germania si presenta piena di debolezze. Oggi il coraggio abbandona proprio la generazione nata nell'euforia del miracolo economico e cresciuta al ritmo di opulenti tassi di sviluppo. Il «New York Times» ci vede «come narcotizzati da decenni di benessere». E la rivista statunitense «Newsweek» fa il nostro ritratto «in stridente contraddizione con la storica percezione di noi stessi come una selvaggia stirpe germanica, con coraggio teutonico e astuzia alemanna». Quel che sopravvive è un popolo che si autocommisera. Qui da noi, voler rimanere ottimisti equivale a una fuga dalla realtà.

Purtroppo è vero: siamo campioni del mondo in lamentazioni, brontolii, ciondolii, gemiti e sospiri – e tutto questo al più alto livello. Il sondaggio Gallup, condotto con regolarità su scala mondiale, ci indica come fuoriclasse del pessimismo e dell'angoscia. Da noi, tutto diventa subito una catastrofe nazionale. Viviamo in un'atmosfera da fine del mondo. Il bicchiere sembra sempre mezzo vuoto. «In qualche parte della Germania, il mondo è sempre sul punto di finire» (Otto Schily). Gli americani parlano di «German angst»[21] e i nostri vicini definiscono la paura «tipicamente tedesca».

[21] "Paura germanica" (*n.d.T.*).

«Nessuno parla male del proprio paese quanto noi», si lamentò il presidente federale Johannes Rau nel suo ultimo discorso a Berlino (12 maggio 2004). Poi aggiunse che, per molti, il futuro non ha più alcun senso e che, tuttavia, tutti hanno bisogno di un'immagine positiva di se stessi e del proprio paese. Rau citò ragioni per «impegnarci per la nostra patria». E in spirito tutti aggiunsero: ...che amiamo. No, Rau disse: «...nella quale viviamo volentieri». Proprio questo mi sembra essere il problema: è troppo poco. Il nostro nazionale disprezzo di noi stessi deve essere guarito e volto in bene. Ma si può e si vuole guarire solo ciò che si ama. Fortunatamente, quante volte il successore di Rau, Horst Köhler, ha esclamato spontaneamente: «Io amo la Germania». Perché ci riesce così difficile dirlo? Perché siamo accoglienti solo con chi porta preoccupazioni e messaggi di orrore? Da dove viene questa voglia fatale di dipingere tutto di nero, e di essere maligni e cinici?

Il pubblicista Klaus Rainer Röhl (ex marito della terrorista Ulrike Meinhoff) una volta, su «Focus», prese in giro la marea di informazioni speventose: «Paure su paure, in Germania, che vanno ben oltre i doloretti personali e diventano un sentimento di fine apocalittico e collettivo, un sentimento da cinque-minuti-dopo-mezzanotte. Se si ascoltano i media, tutto è morte: morte atomica, morte per radiazioni, morte per il freddo e per il caldo, morte per contagio; e poi: muoiono i boschi, muoiono le balene, muoiono le tartarughe, muoiono i rospi... e inoltre: veleno nelle automobili, veleno nei gas di scarico, veleno con le biciclette, veleno senza le biciclette, veleno nei cosmetici, veleno senza cosmetici, veleno negli alimenti biologici, veleno nel latte, veleno nell'insalata, veleno negli spinaci, veleno nella pasta. E così via. Veleno nelle medicine. Per così dire, veleno nel veleno».

Leggere tutto questo con disinvoltura pone tuttavia la questione del ruolo dei media nella nostra democrazia dell'eccitazione piena di paure, accanto alla questione sugli effetti di tali paure. La paura è una cattiva consigliera. Sul terreno della paura non è mai nato nulla di buono. La paura paralizza e inibisce, e porta alla rassegnazione. La paura fomenta la mentalità del ritorno al privato e la fuga nella ricerca di una società dei consumi che soddisfi l'Io. «Forse, nel frattempo, abbiamo parlato a noi stessi così male, che non ci aspettiamo più niente? Non ci avviciniamo per caso poco a poco a una specie di depressione collettiva?» (Rau).

ALLARMISTI AL CAPOLINEA

In tutto ciò, sono proprio gli stessi allarmisti a separarsi l'uno dopo l'altro dai loro scenari catastrofici. Mentre ancora pochi anni fa i valori del buco nell'ozono venivano pompati nelle radio come notiziari dal fronte, il ministro Trittin, nell'estate epocale del 2003, affermò senza scomporsi che i limiti di velocità non sono necessari perché tutte le auto sono ormai catalizzate...

Nel frattempo, eminenti "orroristi" come Petra Kelly o Franz Alt, che avevano prefigurato come inevitabile la morte dei boschi tedeschi, sono stati confutati dal loro stesso partito ecologista. Renate Künast dichiara: «I nostri boschi sono diventati più belli». E il membro della presidenza del WWF, Josef Reichholf, sottolinea addirittura: «I boschi non hanno corso mai un vero pericolo».

Prendiamo per esempio le canzoni tedesche di

successo, suggerisce Erich Wiedemann nel suo best seller *Le paure tedesche - Un popolo in tono minore*: *L'amore è proibito*, *Cinque minuti a mezzanotte*, *Il mio amico, l'albero, è morto*. Le profezie dei profeti del trallallà sono state cantate al vento. La «Süddeutsche Zeitung» ricordava alla fine di aprile del 2004 il "trovatore eco-verde" Reinhard Mey: «Un tempo cantava "Non ci sono più maggiolini", ora ci minaccia la più grande calamità da cinquant'anni a questa parte».

Da non dimenticare, poi, quella follia mascherata da scienza che è la teoria secondo la quale il mondo finirà a causa della sovrappopolazione. Tavole rotonde e conferenze con esperti di grande fama hanno sviluppato uno scenario di orrore che va dalla lotta per la sopravvivenza al suicidio di massa. Nel frattempo, sappiamo invece che la crescita della popolazione mondiale si arresterà nel 2040. Ben presto saremo molti di meno e non avremo più esseri umani sul pianeta.

D'altro canto, così riassume la situazione l'esperto di media Reginald Rudolf: «La massa si fa convincere con difficoltà di un pericolo al quale, nel tempo, si è affezionata». E racconta dell'esperto danese di statistica, il professor Björn Lomborh che, in occasioni pubbliche in cui sostiene la sua tesi «La terra non è mai stata meglio di ora», ha bisogno di una scorta che lo protegga.

L'opinione pubblica, e ancor più l'opinione pubblicata, è molto più disposta a seguire il pessimismo catastrofico che non i vari segnali di cessato allarme. Helmut Schmidt ha dichiarato in un'intervista: «Oggi abbiamo troppi profeti di pessimismo. Ciò di cui invece abbiamo bisogno sono i profeti di ottimismo». E tuttavia, da dove prendere senza rubare?

In Internet gira un testo anonimo che «Stern», nel

suo numero di inizio anno 2004, ha riprodotto in tutta la sua lunghezza e senza alcun commento, sotto il titolo *La storia di una generazione, così bella e vera* (qui di seguito leggermente abbreviata): «Se sei nato dopo il 1978, questa roba non è per te. Sparisci! I bambini di oggi crescono nell'ovatta. Ma se si è stati piccoli negli anni cinquanta, sessanta e settanta, nel guardare indietro c'è da meravigliarsi che si sia riusciti a sopravvivere tanto a lungo! Da bambini sedevamo in auto senza cinture di sicurezza né airbag. I nostri lettini erano dipinti in colori brillanti pieni di piombo e di cadmio. Le bottigliette della farmacia si potevano aprire senza nessuna difficoltà, esattamente come le bottiglie di candeggina. Le porte e gli armadi erano una minaccia costante per i nostri ditini. Bevevamo acqua del rubinetto e non da bottiglie di minerale. Costruivamo macchinine con casse di sapone, e scoprivamo solo al primo viaggio a testa in giù che avevamo dimenticato i freni. Ma dopo alcuni incidenti capivamo tutto. Uscivamo di casa la mattina per andare a giocare. Nessuno sapeva dove eravamo, e non avevamo neppure il cellulare! Ci facevamo tagli, ci rompevamo le ossa e i denti, e nessuno è stato mai denunciato per questo. Con i nostri amici bevevamo tutti dalla stessa bottiglia e nessuno è mai morto per le conseguenze. Non avevamo: playstation, Nintendo 64, x-Box, videogiochi, 64 canali televisivi, surround-sound, TV individuale, computer, chat rooms in Internet. AVEVAMO AMICI! Come è stato possibile tutto questo?

Ci inventavamo giochi con pezzetti di legno e palle da tennis. Inoltre mangiavamo vermi. E le profezie non si avveravano: i vermi non continuavano a vivere per sempre nel nostro stomaco, e con i bastoni non cavavamo poi troppi occhi. Solo chi era bravo poteva giocare con noi a calcio per strada, e chi non lo era doveva imparare, tra le delusioni, a venirne a capo. Alcuni compagni non erano furbi come gli altri. Venivano bocciati agli esami e ripetevano classi. Ciò non portava a psicodrammi al ricevimento genitori, o addirittura a cambiamenti nella valutazione del profitto. Le nostre azioni a volte avevano conseguenze. Nessuno poteva nascondersi. Se uno di noi aveva infranto la legge, era chiaro che i genitori non lo avrebbero tirato fuori dai guai. Al contrario: erano della stessa opinione della polizia. Così andavano le cose!

La nostra generazione ha prodotto una messe di persone innovative e capaci di risolvere problemi, di scoprire cose e di correre rischi. Avevamo libertà, fallimenti, successi e responsabilità. Eravamo in grado di fare i conti con tutto questo. E anche tu sei così. Auguri di cuore!».

INFORMATI A MORTE?

Con il suo best seller *Divertirsi da morire*, l'esperto di comunicazione americano Neil Postman ha descritto in maniera davvero profetica il vero e inarrestabile percorso verso la società del divertimento. Tutto si degrada in divertimento, nulla conserva più la necessaria serietà. La politica e la religione hanno già dovuto fare amaramente le spese di questo fenomeno. La gente prende le distanze da entrambe, dal momento che tutto il resto è banalizzato con una punta di spensierato arbitrio.

Per l'apertura della Fiera di Francoforte, Postman ha aggiunto ancora qualcosa, vale a dire una riflessione sulle conseguenze della cosiddetta «Infotainment-

Noncultura», nel frattempo installatasi: *Ci informiamo a morte* («Die Zeit», ottobre 1992). La nostra società dell'informazione – questa la sua tesi – è malata di Aids culturale. Il nostro sistema immunitario non riesce più a tenere testa alla marea di informazioni che dilaga. Essa ci piomba addosso senza che noi possiamo difenderci, arginarla né controllarla.

Se prima l'informazione era una specie di ampliamento delle conoscenze, e aveva lo scopo di aiutarci a risolvere meglio i problemi della vita quotidiana, oggi riceviamo invece le diverse informazioni "senza contesto", cioè senza che esse abbiano più per noi un'utilità visibile. Al contrario: spesso ci procurano proprio quei problemi e quelle paure che dovrebbero invece aiutarci a risolvere e a vincere. La marea degli annunci di catastrofi lascia l'utente inerme e senza risorse: cosa può mai fare contro tutto questo? Egli si dedica dunque sempre più alla cura del proprio Io, e si ritira pieno di paura nel proprio privato. «Un singolare egoismo regna nella "società dell'informazione"» (Postman), come già la chiamano molti dei super-informati.

NOTIZIE DA RACCONTARE

Il sociologo Postman sorprende meno con la sua diagnosi che non con la sua terapia: non abbiamo bisogno di una quantità maggiore di informazioni, quanto piuttosto di una quantità maggiore di narrazioni che ci forniscano un contesto di chiarimento e di comprensione, allo scopo di poter accogliere e ordinare il flusso delle stesse informazioni. Mentre l'uomo del Medioevo aveva un'immagine fissa del mondo, che dava ordine alla sua vita, noi non abbiamo più «una concezione coerente di noi stessi, del nostro universo né della nostra relazione tra di noi e con il mondo».

Ma senza un'immagine del mondo non si possono ordinare né valutare le informazioni. Abbiamo disimparato a giudicare cosa sia vero o falso, buono o cattivo, importante o secondario, utile o dannoso per l'esistenza. Inermi e perplessi, riteniamo tutto possibile. Ciò conduce tra l'altro a una «osservazione della banalità come attraverso una lente d'ingrandimento» (Roman Herzog), e anzi, a un'ammirazione tragicamente crscente per tutto ciò che è primitivo, per il "trash". Già nel 1943, Dietrich Bonhoeffer scriveva la frase: «Siamo nel bel mezzo di un processo di volgarizzazione che riguarda tutti gli strati sociali».

Come al tempo dell'Antico Testamento, in cui una generazione consegnava alla successiva quello che è davvero importante nella vita, anche noi abbiamo bisogno di narrazioni. Con ciò Postman intende «una storia sulla storia dell'umanità, che attribuisca importanza al passato, che spieghi il presente e fornisca orientamenti per il futuro».

Tale narrazione, in passato, era svolta dalla fede.

Abbiamo di nuovo bisogno di notizie da raccontare. Informazioni che ci mettano "in forma". Che non rendano l'uomo uniforme nel pensare e nell'agire, bensì duttile e adatto alla concorrenza, come un allenatore che "metta in forma" la sua squadra. Informare significa infatti anche aiutare l'essere umano a distinguere il bene dal male e a far apparire il bene degno di essere imitato. La nostra superficiale società del divertimento, invece dello stesso divertimento, della dispersione e della distrazione, ha bisogno di nuovo di informazioni che siano degne di questo nome.

Se vogliamo andare avanti, dobbiamo davvero tornare a Dio e alle sue parole, vere "istruzioni per l'uso della vita". Il giornalista Christian Nürnberger, piuttosto agnostico, a proposito di tali narrazioni scrive in un passo autobiografico («Salzhorn», 1/2002): «[...] nelle lunghe sere d'inverno, nelle quali i contadini hanno tempo, mia madre era solita raccontarmi tre tipi di storie: non vere, vere a metà, e vere. Io ascoltavo volentieri tutte quante. Le favole erano le più divertenti. Ma, nella vita, di esse si poteva farne ben poco. Le saghe e le leggende rendevano la mente più acuta, dal momento che la occupavano con la questione di che cosa fosse vero e che cosa falso. Ma le storie bibliche, quelle mi rendevano adatto alla vita senza che io nemmeno me ne accorgessi».

Il presidente federale Köhler racconta sempre che la formula della Cresima: «Dio ci mette un carico sulle spalle, ma ci aiuta a portarlo» (Salmo 68, 20) lo ha spesso aiutato nelle situazioni difficili della vita. Egli racconta anche che la fede fondamentale in Dio gli è stata trasmessa da sua madre. «Per me, Dio è importante. È un bene che gli esseri umani abbiano un'ancora che vada più a fondo che non la semplice questione di una macchina nuova».

Quanto possa essere importante per il futuro un'educazione religiosa dei bambini è stato stabilito da centocinquanta esperti riunitisi in occasione di un convegno scientifico della Fondazione Ravensburger[22] Verlag. I figli di genitori credenti, nella loro vita futura, saranno ben protetti dalla mancanza di punti di orientamento e potranno meglio governare le crisi, sostengono. Rituali come la preghiera della sera, prima di coricarsi, hanno un effetto emotivo

[22] Celebre editore per l'infanzia.

stabilizzante per i bambini. Non devono essere sottovalutati i nonni come persone di fiducia e modelli per la fede. Di questo quadro fa parte anche la fede nella Bibbia.

Dietrich Bonhoeffer, il coraggioso teologo dell'opposizione e martire del Terzo Reich, scriveva dalla prigione prima dell'esecuzione: «Io credo che la Bibbia da sola fornisca le risposte a tutte le nostre domande. Essa diventa per me ogni giorno più meravigliosa. Dunque, non resta altro che la decisione se vogliamo o no avere fiducia nella parola della Bibbia come in nessun'altra parola, nella vita e nella morte. E io credo che possiamo sentirci davvero felici e tranquilli solo dopo aver preso questa decisione».

VIVERE CON IL «POWER-BOOK»

Essere adatti alla vita – proprio di questo si tratta nel momento in cui, dopo gli anni perduti di una superficiale società del divertimento, vogliamo governare il nostro presente e guadagnarci un futuro. Ma cosa può avere a che fare con questo la Bibbia, un antichissimo libro tramandatoci da un'epoca ormai passata da tanto tempo? Che genere di significato e di contenuto essa può avere oggi, per i contemporanei critici? La Bibbia non è forse lo strumento di una commedia delle opinioni di tipo religioso- manipolatorio, un sorpassato fondo di magazzino?

La rivista «Elle» scrive: «Ecco, guardate: la Bibbia, il *power-book*, festeggia uno straordinario ritorno. Ed è proprio ai giovani che le Sacre Scritture si rivelano un oggetto di lettura divino». E lo «Spiegel» glorifica nell'«anno biblico 2002» il fatto che il Libro dei libri sia «un libro pieno di succo e di forza, pieno di piacere e di sofferenza». Il settimanale «Tv-Hören und Sehen» cita un trainer delle motivazioni e consigliere d'impresa: «Il predicatore pellegrino Gesù di Nazareth divenne il fondatore di una religione del mondo perché propagò il proprio fuoco interiore come un incendio di grande estensione. La sua arte della parola era eccellente, il Discorso della Montagna è un capolavoro retorico. Il suo messaggio dell'amore per il prossimo introdusse una nuova era. Dunque: leggete la Bibbia!».

La liberale «Zeit» dedica alla Bibbia una pagina di copertina (27 marzo 2002) con titolo a caratteri cubitali: *Il Libro dei libri è la chiave per la letteratura, la musica e la pittura. E anche per la discussione sulla bioetica*, arrivando alla conclusione: «la Bibbia è il libro senza il quale nulla si può comprendere». Ciò vale per la comprensione della nostra storia e della nostra cultura, così come per il dibattito sui temi attuali dell'etica della scienza e dell'eutanasia.

La Bibbia offre informazioni che vanno al di là dell'attualità del giorno. Notizie da raccontare, che orientano e rinfrancano. Soltanto chi si orienta in base a questo messaggio eterno può combinare qualcosa nel nostro tempo confuso ed effimero. In un mondo di parole vuote e di false promesse, gli uomini hanno nostalgia di promesse vere, di cui ci si possa fidare. Parole di valore, libertà, saggezza, parole di vita. Nessuno è più disposto a farsi togliere la fame con ghiottonerie religiose. Abbiamo bisogno del pane di vita, che è un cibo che si può conservare. La parola e la volontà di Dio sono strumenti di vita, veri sostegni per l'esistenza.

In questo *power-book* è nascosta della dinamite. Una forza che vuole cambiare la vita e il mondo. E una forza radicale (dal latino *radix*) che, appunto, arriva fino alle radici. Chi legge la Bibbia non passerà mai da stupido, perché resta sul terreno dei dati di fatto. Qui si tratta di storia, non di storie. Per ciò, dietro questo libro pieno di fatti, fatti, fatti, si nasconde sempre una persona intelligente.

Nessun altro libro è così vicino agli uomini. La Bibbia rende grande Dio senza rendere piccoli gli uomini. E questo rimane un dato senza confronto tra le religioni del mondo.

PIÙ APPASSIONANTE DI «HARRY POTTER»

In un mondo di menzogne e di manipolazione, la fame di parole di verità è enorme. Cosa rimane, quando tutto passa? Di che cosa ci si può fidare davvero? In tempi di seduzione e allettamento, si ha nostalgia di una guida, di un'autorità cui poter credere. In tempi in cui la parola diventa chiacchiera e il fare diventa smanceria, ciò che è autentico è molto richiesto.

Molti scoprono la Bibbia del tutto *ex novo*, come libro di studio e di consolazione. Come sorgente di forza e riserva di energia. Come criterio e fonte di coraggio. Eppure, da libro di lettura, essa deve diventare un libro per la vita. La nostra fede deve dare una forma alla nostra vita di tutti i giorni. Abbiamo bisogno di modelli, non di prescrizioni. Di persone che siano convincenti veicoli pubblicitari per la migliore notizia, per la migliore novella del mondo. Le notizie di oggi già domani sono vecchie di un giorno. Il messaggio della Bibbia rimane all'ordine del giorno attuale. Di ciò, si deve vedere, sperimentare qualcosa.

Esiste un diritto umano ad ascoltare il Vangelo. La Buona novella che Dio ci ama, che in Gesù Cristo ci è venuto molto vicino, che non ci sono casi senza speranza e situazioni senza via d'uscita. Poiché Gesù è venuto da noi esseri umani come parola divina, noi dobbiamo andare verso gli altri esseri umani portando la parola divina. A chi è certo del Cielo, la terra non potrà mai risultare indifferente.

Questi pensieri sono tutt'altro che una pia fuga nelle alte sfere: basta con la vita di tutti i giorni, esiste solo la domenica. Qui si tratta del centro della nostra esistenza, di questioni legate alla sopravvivenza. Poco prima della sua morte a causa del cancro, Hildegard Knef apparve in un talk-show televisivo. L'attrice berlinese, una delle poche che Hollywood ha davvero portato alla fama mondiale, ha fatto un'esperienza drammatica dei due aspetti della vita: la fama da star di una vera diva, e l'amarezza della malattia e della morte. Ripensando al passato, disse: «Il mondo chiacchiera, e parla a voce alta, fintantoché le cose vanno bene. Si sente in imbarazzo solo quando una persona è malata e muore. Allora non sa più che dire. Esattamente nel momento in cui il mondo tace, allora la Chiesa manda il suo messaggio. Io amo la Chiesa proprio a causa di questo messaggio». All'ultima frontiera della vita, dove si richiede un'ultima volta la serietà, la società del divertimento deve capitolare.

Personalmente, faccio sempre di meno l'esperienza di persone che scherzano sulla fede e sbeffeggiano i credenti. A molti il riso è scomparso da tempo dalle labbra, perché ciò su cui volevano costruire si è dimostrato effimero. Ancora una volta Kierkegaard: «Un piccolo borghese è colui che ha un rapporto assoluto con cose relative». Eppure, chi legge e vive la Bibbia tiene i piedi su fondamenta sicure. Buon per chi ha questo punto di osservazione. In tal modo, la vita diviene luogo dell'azione.

Questo libro è di certo tutt'altro che noioso. L'antichissima Bibbia è comunque più appassionante del nuovo *Harry Potter*. La lettura della Bibbia e la vita basata sulla Bibbia rendono ricca la nostra vita quotidiana. Tra l'altro, ciò può arrivare persino fino al conto bancario: non c'è quiz show di Günther Jauch o Jörg Pilawa in cui non ci siano domande sul Libro dei libri. E qui parecchi si sono giocati un capitale a causa della loro incapacità...

Ogni giorno una parola dalla Bibbia, un paio di minuti di silenziosa distanza dal quotidiano possono dare alla vita una nuova energia. Al giovane autore del best seller *Der fröhliche Nichtraucher*[23], Alexander von Schönburg, è stato chiesto dal settimanale «Focus» quali siano le sei cose che rendono bella una vita senza spendere molto. Oltre al sonno e al movimento, ha aggiunto: «Iniziate e terminate ogni giorno con una preghiera a Dio, è una cosa che procura calma e fiducia in se stessi».

DETERMINARE IL PROPRIO DESTINO ATTRAVERSO LA RIFLESSIONE

È proprio questa calma sicura che abbiamo perduto. In riferimento al consumo di droghe come lato oscuro della nostra società del divertimento, scrive la «Bayerische Rundschau» (pubblicata a Kulmbach) il 26 aprile 2002: «La vita dovrebbe essere tutta un party. Eppure, dietro la disinvolta facciata della società del divertimento, si nasconde una paura profonda. Dover essere sempre in tiro: nessuno può

[23] *Il felice non-fumatore* (*n.d.T.*).

farcela! L'importante è non arrivare mai a riflettere! I pensieri neri minacciano soprattutto di rovinare il tempo libero. Chi non trova tregua spesso si rifugia nell'ebbrezza... la grande festa finisce nel classico mal di testa da dopo-sbornia».

Droghe e alcol, ma anche la fuga negli straordinari e nell'iperattività fino alla perdita della ragione sono in ogni caso manovre di distrazione che, tra l'altro, diventano un divertimento costoso nel più vero senso della parola. Dobbiamo tornare in noi, perché senza riflessione non possiamo determinare il nostro destino. Senza valori, diventiamo noi stessi privi di valore.

Il frenetico cambiamento di temi, di tesi e di ordini del giorno della nostra società del divertimento, che vive in fretta, lascia ben poco spazio per la riflessione, per la calma, per comunicare con se stessi. Ci si prende cura dello stress e si coltiva la fretta. L'essere umano ha paura delle pause, perché nel silenzio sente solo il proprio vuoto interiore. Molti sono vittime di una sorta di infarto del tempo. Costantemente nervosi, completamente agitati, spesso arrabbiati. Viviamo sotto il diktat della fretta. Ci serve il ritmo, perché la pressione del tempo distrae.

Il nostro mondo gira sempre più in fretta. Nello spazio di pochi anni si verificano salti di intere epoche, la svolta tedesca del 1989/90 ne è solo un esempio. Le conoscenze dell'umanità raddoppiano ogni quattro anni. Le innovazioni e le tendenze della moda hanno tempi di dimezzamento sempre più brevi. Il mondo accelerato non lascia più nemmeno il tempo di respirare.

La cultura del divertimento centrata sull'Io ha come simbolo la corsa veloce. La nostra generazione high-speed del costante aumento del ritmo non conosce più la pazienza, la riflessione e il silenzio. A questo proposito, già Erich Kästner ammoniva: «Pensate al quinto Comandamento: non ammazzate il vostro tempo!». Nel nostro tempo accelerato cresce il desiderio del rallentamento. L'assalto da parte degli stessi quadri dirigenti a conventi, giornate di riflessione e periodi di raccoglimento la dice lunga. L'agenzia giornalistica UPI riferisce, a proposito di New York, luogo dell'alta finanza, che un numero sempre maggiore di quadri dirigenti colti e di giovani famiglie di accademici affluiscono in massa nelle tradizionali chiese e sinagoghe. La stessa cosa si osserva in Germania. Distrutti dalla fuga nella fretta, si cerca la benedizione del tempo. In tutto questo divertimento superficiale si sente la mancanza di una serietà che vada davvero a fondo. La notoria mancanza di serietà rende noi stessi, e anche la nostra società tutta intera, deboli e privi di difese.

SOCIETÀ DEL DIVERTIMENTO: LA VITA COME MENZOGNA

Per quanto possa suonare banale, uno degli effetti più pericolosi della nostra società del divertimento è la perdita della serietà. Fino a quando tutti si divertono, si distraggono, si svagano e trovano tutto divertente, per le cose serie non resta nessuno spazio. In questo modo, la cultura del divertimento impedisce la riflessione su ciò che è veramente importante, poiché i temi più seri non sopportano confezioni buffe.

In occasione delle Giornate di Mainz sulla critica televisiva, che avevano il titolo *La televisione per la società del divertimento*, l'ex direttore generale della ZDF, Dieter Stolte, ha deplorato: «Viviamo nel tempo della dispersione, e viviamo attraverso offerte di divertimento spesso non solo disseminate ovunque, ma anche dissipate: ognuno solo con se stesso, ognuno con un programma diverso, un diverso obiettivo, senza un centro comune e, di conseguenza, anche senza nesso né contesto». Questa perdita di un centro che unifichi e crei legami è anche una perdita della cosa comune, e anche della serietà di prendersi a cuore qualcosa con stile e dignità.

Il problema non è divertirsi con cose belle o piacevoli, bensì il divertimento autonomizzato con se stessi, il divertimento fine a se stesso. Nessuno pretende di rinunciare asceticamente a divertirsi. Si tratta piuttosto di rifiutare il divertimento a ogni costo, e non quel divertimento che appartiene alla nostra normale economia psichica e anche al comportamento disinvolto con gli altri esseri umani. Il divertimento e la serietà, se dosati in modo giusto, non sono opposti tra loro. Dieter Stolte parla in favore del fatto che (come nel sistema radiotelevisivo tedesco) anche in noi stessi possa esistere una specie di sistema duale di cellule cerebrali e di muscoli per il riso, vale a dire di ragione e di emozione.

Nella critica categorica alla società del divertimento, anche in questo libro, non si vuole sollevare un problema di gusto tra gente priva di senso dell'umorismo. Si vuole piuttosto sollevare la domanda fondamentale circa la comprensione della realtà e la struttura dei valori della nostra società. E questa domanda è tutt'altro che fuori moda. «A dire la verità, mi sono sempre augurato una società del divertimento», dice Harald Schmidt. «Ma che sarebbe diventata tanto divertente è una cosa che ora mi spaventa un po'».

La menzogna esistenziale della società del divertimento sta proprio nel fatto di scambiare l'informazione per il contenuto. La politica e la pubblicità vivono questa realtà in modo esemplare, e neanche tanto malvagio. Eppure, in questi tempi incerti, si fa tanto più forte l'appello all'autenticità, alla verità, alla credibilità, all'attendibilità. Se la società del divertimento sparisce, ritorna a installarsi questo sistema di valori.

La serietà (non l'assenza di gioia!) deve di nuovo trionfare sull'irrilevanza, la dignità sull'ironia, la realtà sulle smancerie. Ci serve un mutamento di paradigmi culturali. Di ridere, ne abbiamo abbastanza. «La cultura si deve riempire di nuovo con la vita» («Die Zeit»).

Il ruolo dei media, all'interno del nostro tema generale, non dovrebbe assolutamente essere irrilevante. Anche nello sviluppo verso una democrazia degli spettatori, basata sull'atmosfera del momento, e verso una società che evita la profondità e che in superficie è spaventata ed eccitata. «È possibile che la società del divertimento non sia soltanto il contrario della società-delle-catastrofi, bensì forse proprio il suo meccanismo di sgancio, addirittura la sua causa originaria. Ma se poi ci chiediamo dove, da parte sua, abbia la propria causa la società del divertimento, allora non potremo evitare la questione di quale sia la misura in cui, in questo processo, i media non siano essi stessi una concausa» (Stolte).

Nel divertimento, inoltre, la serietà rimane subito al di sotto della superficie. Nella nostra "società dell'Erlebnis"[24], il divertimento è un lavoro duro, se si vogliono compensare le crescenti incertezze e delusioni con la *coolness*, con il far festa e con il ridere in compagnia.

[24] Termine psicoanalitico ormai quasi internazionale, significa "il vissuto" (*n.d.T.*).

La società del divertimento non sopporta insuccessi. Guai se manca lo spasso. Nella società dell'Io, qualsiasi rinvio dei presupposti momenti di felicità viene percepito come un'offesa personale, come un sabotaggio all'autorealizzazione. Le persone che si identificano con il perdere hanno una vita difficile. Dove tutto deve essere divertente, i cinici vanno forte.

La carriera e la ricchezza danno il timbro alla nostra società del divertimento. Sono di gran moda i libri che promettono di far guadagnare il primo milione in pochissimo tempo. Il successo professionale è programmato, l'insuccesso non è neppure previsto. In questo modo, l'odierna pressione per la concorrenza fa degli stessi vincitori altrettanti perdenti.

Gli strateghi dell'impresa e i seminari di management parlano solo delle strade per il successo, per la carriera e per la ricchezza. Ma su come si possa far fronte alle sconfitte e alle crisi, non parla nessuno. Questo infatti non si adatta alla nostra cultura del divertimento, nella quale bisogna essere sempre sulla cresta dell'onda. Eppure, nelle posizioni dirigenziali, circa il cinquanta per cento del lavoro consiste in insuccessi. Sebbene il successo e la sconfitta siano così vicini tra loro, il mancato successo appartiene ai grandi temi tabù della nostra società lucidata a specchio. Dare sempre il meglio di sé, chi può mai farcela...

«Le carriere di oggi mostrano tutte la stessa identica curva: rapida ascesa iniziale, poi la linea orizzontale, la lenta discesa fin nell'abisso del fallimento» (Franz Josef Wagner in «Welt am Sonntag»). In un concorso di temi sull'argomento "genitori", così scrive un diciassettenne: «Un grosso conto in banca, due auto, una casa di campagna e uno yacht... mio padre ha salito la scala del successo e ha dovuto rendersi conto che non conduce da nessuna parte – si deve sempre continuare a salire. Ora, ha paura. Soffre di depressioni continue e l'età inizia a farsi sentire. Al culmine della fama, è un uomo curvo, esausto, vecchio. Io non voglio diventare come lui!». Un altro studente scrive: «I miei genitori sono delusi e amareggiati. Dentro di sé sanno quanto poco hanno avuto dalla loro vita. Mio padre non vive la vita; la calcola. Aggiunge e sottrae e investe con lo sguardo disperato».

Uno dei più noti consiglieri d'impresa, al top nell'ambito linguistico tedesco per i dirigenti di grandi compagnie, racconta di un membro di un Consiglio di amministrazione, al quale aveva chiesto quale fosse il suo obiettivo nella vita: «Amministratore delegato» era stata la sua risposta. Al che il consigliere: «Conosco alcune persone che hanno raggiunto questo obiettivo, e che sono arrivate fino in cima alla scala. Lassù è appesa una targa molto piccola, che può essere letta soltanto da coloro che, appunto, sono arrivati fin lì». Poteva rivelare cosa ci fosse scritto? In via del tutto eccezionale: su questa targhetta sta scritto: «Qui finisce la scala». Il fatto che gli obiettivi della carriera siano limitati e che la vita non consista solo di divertimento, di questo non vogliamo renderci conto. Per la luccicante cultura di facciata, impotenza e debolezza sono parole straniere.

Un professore di Economia statunitense ha fatto la seguente esperienza: ha pregato i suoi studenti di vivere per una settimana facendo questo esercizio: «Immaginate di avere da vivere, qui all'università, questo unico semestre. Tenete un diario di come lo trascorrete». Improvvisamente hanno fatto la loro comparsa valori che prima erano sconosciuti. Gli studenti hanno scritto e fatto visita ai loro genitori, hanno fatto la pace con fratelli e sorelle e amici, e hanno avuto un comportamento reciproco completamente diverso. Sono diventati centrali valori come l'amore e la gratitudine, quello che rende la vita davvero ricca. Tutto ha assunto un valore nuovo dal momento che, improvvisamente, le cose venivano osservate dal punto di vista della fine.

E tuttavia, oggi, noi sacrifichiamo la salute alla carriera allo scopo di fare un sacco di soldi, per poi, nella seconda parte della nostra vita, sacrificare un sacco di soldi allo scopo di riguadagnarci la salute. Al successo sacrifichiamo ciò che nessun successo potrà mai ripagare.

Come "meccanismo di difesa" contro la sua fantastica carriera, un noto imprenditore va di proposito una volta al mese a un funerale. Una volta aveva preso parte a un seminario nel quale, una sera, il docente aveva dato il seguente compito: «Stanotte scriverete il vostro proprio necrologio». Da questo era emersa una rivelazione. Al cimitero gli veniva sempre messo sotto gli occhi il versetto dei Salmi (90,12): «Signore, insegnaci a ricordare che dobbiamo morire, in modo che diventiamo saggi». E diventare saggi secondo la Bibbia significa: calcolare Dio nel conto della propria vita. Il più importante compito di management della nostra vita quotidiana!

UN MONDO APPARENTE E SENZA DOLORE

La società del divertimento mette in dissolvenza non solo la sfortuna e l'insuccesso, ma anche qualsiasi forma di dolore, di menomazione e di debolezza. Chi non ce la fa, disturba e deve sparire. Un caso esemplare è il comportamento con papa Giovanni Paolo II. Si è sempre pensato e consigliato che un uomo così vecchio, malato e indebolito dovesse andare in pensione. Alla fine, lo si fece in modo assolutamente non dissimulato in occasione della sua visita di Stato in Svizzera del giugno 2004. Il motivo tuttavia è stato meno la pietà che non l'ammissione che quel corpo indebolito non si poteva più proporre all'opinione pubblica viziata dai media di questa società del divertimento.

Un amico personale del papa, il regista Kryztof Zanussi, sul quotidiano italiano «Corriere della Sera» fa riflettere sul fatto che, nella Chiesa ortodossa, sarebbe del tutto impensabile «trattare pubblicamente in questo modo la figura di un vecchio saggio. Qui il pragmatismo occidentale deforma il problema».

E che sembianze ha tale pragmatismo? È chiaro, il papa non è sexy. È invece uno scandalo. È un menomato. In quanto menomato, si erge dal bel palazzo di San Pietro contro il "bel mondo nuovo". Quel mondo in cui ci si lamenta del fatto che gli organizzatori di viaggi, nelle nostre vacanze, fanno in modo di farci incontrare gli handicappati solo da lontano, perché altrimenti il nostro benessere fisico ne sarebbe danneggiato. Il mondo dell'Olanda ornata di tulipani, dove nel frattempo quasi la metà dei morti per eutanasia vengono sollevati dalle loro sofferenze per desiderio degli addolorati eredi... mentre in Germania si richiedono le «disposizioni del paziente», in Olanda già gli anziani stipulano assicurazioni contro gli interventi medici a danno della loro vita.

Con tutto ciò la nostra società del divertimento, con arrogante sopravvalutazione di sé, nega una parte importante della nostra esistenza. E con questo ci fa perdere un'occasione salutare, che lo psicoterapeuta ebreo Victor E. Frankl, sopravvissuto agli orrori del Terzo Reich, così descrive: «Il dolore rende l'uomo capace di vedere più chiaro, e fa sì che il mondo diventi trasparente».

Solo l'esperienza del dolore e della delusione svela questo mondo come inganno effimero. Anche la più grande felicità, la salute migliore e il gradino più alto della scala della carriera, a un certo punto hanno fine. «Non dobbiamo confondere i mezzi per vivere con il centro della vita», dice il filosofo russo Berdjajev. Riguardo a questa sorta di sentenza, la società dello spettacolo ci truffa. Mai ho percepito lo scenario dello show-biz più insensato che non nel caso di colpi del destino, malattie e morti. Allora diventa evidente come, dietro la foglia d'oro del mondo apparente, non ci sia niente di autentico. La premessa per una vita fortunata e felice è pur sempre la capacità di sopportare il dolore e la tristezza.

Un po' di divertimento ci deve pur essere. E tuttavia, chi vuole divertirsi ha bisogno di tempo e di denaro. Del primo, nel collettivo "parco dei divertimenti Germania", ce n'è a dismisura. Tuttavia, chi non dispone del capitale necessario a divertirsi in continuazione, chi non ce la fa a tenere sempre il passo, finisce isolato. Con l'aumentare delle pretese aumenta anche l'isolamento. Chi partecipa alla frenesia per lo shopping, senza però poter comprare davvero, precipita rapidamente nella depressione. La rinuncia non è una parola alla moda nella nostra società dei consumi.

Un consigliere d'impresa, sulla base dei suoi lunghi anni d'esperienza, pensa che nel seguente motto ci sia molto di vero: «Quando gli dei vogliono distruggerla, mandano a una persona trent'anni di successo». Chi ha attraversato delle sconfitte sa bene che un vero successo non ha a che fare con l'Avere, ma con l'Essere. E costui sa anche che nel dolore non c'è divertimento, ma c'è gioia. Il divertimento è un sentimento superficiale e passeggero, la gioia invece è un atteggiamento di fondo, con una dimensione profonda.

Quando la vita è programmata sulla gioia, le sconfitte non possono metterci del tutto a terra. Poiché l'autentica gioia, come atteggiamento portante nella vita, è il risultato di una sensibilità e di una pace interiore. Detto con un'immagine: chi riempie il serbatoio della propria auto con un ditale di benzina otterrà un breve, balbettante urlo del motore, niente di più. Questo corrisponde al divertimento. La gioia corrisponde invece a un serbatoio riempito fino all'orlo, che basta fino alla fine del viaggio. La fede, dunque, non è un'assicurazione annulla-dolore, né un vaccino contro le miserie e le preoccupazioni della vita quotidiana. E tuttavia libera le forze necessarie a fare i conti con il dolore, prima che esso ci distrugga.

DALLA "DITTA INDIVIDUALE" ALLA "SOCIETÀ A SPERANZA FONDATA"[25]

Delle meraviglie della politica tedesca nei colori rosso-verde faceva anche parte il fatto che proprio il sinonimo della disgregazione sociale era diventato uno slogan per la creazione di posti di lavoro. Mentre fra noi trionfa l'egoismo e gli psicologi della pubblicità definiscono i nostri contemporanei come «egoici, che girano sempre intorno a se stessi», e su

[25] La sigla tedesca – GmbH – di questa coniazione di Hahne è la stessa della normale "Società a Responsabilità Limitata".

questo orientano le loro strategie, l'Agenzia per il lavoro di Norimberga fa pubblicità per una nuova autonomia nel lavoro con la parola d'ordine «Ditta individuale»[26]. Non c'è da meravigliarsi che anche questo programma sia stato un fiasco.

Il concetto di "Ditta individuale" connota con estrema precisione la miseria della nostra superficiale società del divertimento. La "danza intorno all'Io dorato" ci ha tolto lo slancio. Personalmente, ho la sensazione che a moltissime persone sia stato tolto lo slancio vitale. Il nostro tempo è caratterizzato da un movimento pendolare tra l'aspettativa e la delusione, sempre da un estremo all'altro. Le grandi speranze che ci creiamo esplodono scontrandosi con gli spigoli appuntiti della realtà. Noi speriamo che la vita ci riesca bene. Speriamo in una buona carriera e in figli ben riusciti. Speriamo in una felice vita familiare e in una pensione in cui si conservi l'agilità. E a un certo punto chiediamo con le labbra febbricitanti: «dottore, ho ancora speranza...».

Se la nostra vita, e con essa anche tutta la nostra società, deve riuscire bene, le nostre aspettative devono essere sempre più grandi dei nostri ricordi, e la nostra speranza deve essere sempre più grande delle nostre preoccupazioni. Lo scrittore e pioniere del giornalismo, Matthias Claudius, ha dunque ragione: l'uomo deve avere qualcosa di certo. I voli ad alta quota dei propri obiettivi esistenziali non li si può fondare su basi non solide.

In primo luogo, non sulla sabbia di una società del divertimento e dello spettacolo basata sull'aria che tira al momento. E quindi: basta con la cultura del

[26] Si noti che questo termine in tedesco è "Ich-AG", dove Ich significa Io (e AG designa la tipologia della società) (*n.d.T.*).

"sentirsi bene" e del "raggomitolarsi su di sé", nella quale si fa solo ciò che procura divertimento. Dove ha la parola solo chi è "in", moderno o adeguato ai tempi, o chi si può vendere meglio nei talk-show. È necessario muoversi verso una cultura che si ricorda dei propri valori, che è capace di fermarsi in tempo e che percepisce la svendita degli ultimi tabù e il crollo delle norme come perdita della propria identità. «È infinitamente meglio costruire in tempo la diga, che non sperare che l'inondazione metta giudizio» (Erich Kästner).

Abbiamo bisogno di persone delle quali ci si possa fidare. Che non sbagliano le parole quando promettono qualcosa. Profeti che predichino contro la corrente del tempo. Persone con visioni, prospettive e obiettivi esistenziali. Esseri umani ai quali si possa dare fiducia. Non portatori di paure, di panico e di preoccupazioni, bensì uomini che ci facciano coraggio e che ci diano speranze.

Abbiamo bisogno di portatori di speranza nel più vero senso della parola. A me sembra che la diagnosi più disastrosa del nostro tempo sia l'abissale mancanza di speranze. Per molti, il futuro è diventato un enigma. I veri portatori di speranza, vale a dire uomini e idee che si dimostrino capaci di essere solidi, di saper sostenere la speranza e la vita, sembrano essere spariti dalla circolazione. Dappertutto incontriamo una spaventosa indifferenza, una paralizzante rassegnazione.

E tuttavia tutti sappiamo che, per sopravvivere, abbiamo bisogno di speranza. Non una speranza che venga dal regno delle utopie e delle illusioni. Solo la vera speranza dà coraggio per il domani. Per questo, dalla fatale Ditta individuale, lasciateci passare a una nuova forma sociale: una "Società a speranza fondata”. Solo così possiamo essere utili ai nostri figli e ai nostri nipoti. Solo così schiudiamo a noi stessi il futuro.

Con questo è stato detto tutto ciò che può restituire alla nostra vita e alla nostra società un fondamento sicuro e, con esso, un divertimento autentico e la gioia di vivere e di costruire: «Il futuro appartiene a coloro che trasmettono alla prossima generazione motivi per sperare» (Pierre Teilhard de Chardin).